高等院校产教融合创新应用系列

抖音电商直播运营

河南打造前程科技有限公司　主编

清华大学出版社

北　京

内 容 简 介

本书围绕直播电商行业最新发展趋势，结合企业真实需求，采用理论结合实践的形式，全面介绍了抖音直播的全流程操作与运营方法。全书共 8 章，第 1 章和第 2 章主要介绍直播行业发展趋势、抖音平台算法、直播间流量来源、直播团队人员构成等基础知识；第 3～第 6 章主要讲解如何从 0 到 1 搭建直播间、电商直播如何策划、新直播间如何起号、如何做好一名主播、直播间数据分析与复盘等直播运营知识；第 7 章和第 8 章主要介绍抖音小店入驻和操作的详细步骤，以及抖音直播从开号到卖货的完整流程及操作细节。

本书具有较强的实用性，可作为电子商务、网络营销与直播电商、新媒体等相关专业的教材，也可作为电商相关从业人员的自学参考书。

本书封面贴有清华大学出版社防伪标签，无标签者不得销售。
版权所有，侵权必究。举报：010-62782989，beqinquan@tup.tsinghua.edu.cn。

图书在版编目(CIP)数据

抖音电商直播运营 / 河南打造前程科技有限公司主编 . — 北京：清华大学出版社，2024.3
高等院校产教融合创新应用系列
ISBN 978-7-302-65483-4

Ⅰ.①抖… Ⅱ.①河… Ⅲ.①网络营销—高等学校—教材 Ⅳ.① F713.365.2

中国国家版本馆 CIP 数据核字（2024）第 019964 号

责任编辑：王　定
封面设计：周晓亮
版式设计：孔祥峰
责任校对：马遥遥
责任印制：杨　艳

出版发行：清华大学出版社
网　　址：https://www.tup.com.cn，https://www.wqxuetang.com
地　　址：北京清华大学学研大厦 A 座　　　　　　邮　编：100084
社 总 机：010-83470000　　　　　　　　　　　　邮　购：010-62786544
投稿与读者服务：010-62776969，c-service@tup.tsinghua.edu.cu
质 量 反 馈：010-62772015，zhiliang@tup.tsinghua.edu.cn

印 装 者：三河市铭诚印务有限公司
经　　销：全国新华书店
开　　本：185mm×260mm　　　印　张：16.25　　　字　数：373 千字
版　　次：2024 年 3 月第 1 版　　印　次：2024 年 3 月第 1 次印刷
定　　价：89.80 元

产品编号：103217-01

习近平总书记在党的二十大报告中指出："加快发展数字经济，促进数字经济和实体经济深度融合，打造具有国际竞争力的数字产业集群。"在新一轮科技革命方兴未艾、产业数字化转型快速推进、城乡居民消费深刻变革、市场竞争日益激烈以及世纪疫情助推数字消费进入快车道等多重因素相互作用和叠加下，我国电商创新展现出新的活力，直播电商、短视频电商、社交电商、内容电商、兴趣电商等一批彰显时代特色的"电商新模式"孕育兴起，成为电商持续快速发展的新动力。

《直播电商行业高质量发展报告（2022—2023年度）》显示，2022年我国直播电商市场交易规模达到3.49万亿元。商务部数据显示，2023年上半年，重点监测电商平台累计直播销售额1.27万亿元，直播场次数超过1.1亿场，直播商品数超过7000万个，活跃主播数超过270万人。相比2022年的数据，直播场次数、直播商品数和活跃主播数都有明显增长，整体直播电商业态呈快速增长态势。

消费者对直播的互动性、社交性、娱乐性等特点的认知加深，直播带货为观众提供了优惠的价格、更直观的介绍、更高的信任度，用户群体对网络直播和直播电商接受度正逐步提高，用户日均观看直播的时长持续增加，直播电商用户在整体网民中的占比增加明显，越来越多的人认可在直播间购物的消费方式。

中国演出行业协会等机构联合编制的《中国网络表演（直播与短视频）行业发展报告（2022—2023）》显示，截至2022年年底，我国网络表演（直播）行业已经累计开通了超过1.5亿个主播账号；预计到2025年，中国直播行业人才缺口将增加到1941.5万人。

蓬勃发展的新业态带来了巨大的人才需求，催生了新的职业岗位。2020年7月6日，人力资源和社会保障部联合国家市场监督管理总局、国家统计局发布的"九大互联网新职业"中，设置了"互联网营销师"，并下设"直播销售员"。高速发展的短视频+直播电商新业态带来了巨大的人才需求，产生了数量上的巨大缺口。

全书共8章，第1章和第2章主要介绍直播行业发展趋势、抖音平台算法、直播间流量来源、直播团队人员构成等基础知识；第3～第6章主要讲解如何从0到1搭建直播间、电商直播如何策划、新直播间如何起号、如何做好一名主播、直播间数据分析与复盘等直播运营知识；第7章和第8章主要介绍抖音小店入驻和操作的详细步骤，以及抖音直播从开号到卖货的完整流程及操作细节。

本书具有较强的实用性，可作为电子商务、网络营销与直播电商、新媒体等相关专业的教材，也可作为电商相关从业人员的自学参考书。

本书由河南打造前程科技有限公司主编并统稿，具体编写分工如下：张靖、禹娟负责第1章的编写，卜远芳、韦玉磊负责第2章的编写，范艳艳、周新莹、刘庭玉负责第3章的编写，行业专家杨超、张丹丹、郑雅丽负责第4~第8章的编写。尽管在编写过程中力求准确、完善，但书中难免存在不足之处，恳请广大读者批评指正。

本书配有教学标准、教学课件、教学视频、练习参考答案、扩展资料等教学资源，读者可扫描下列二维码或书中相应章节中的二维码获取。

  教学标准   教学课件   练习参考答案

编　者

2023年12月

目 录
CONTENTS

第1章 深入了解直播电商 001

1.1 直播电商概述与认知 002
- 1.1.1 直播电商概述 002
- 1.1.2 直播电商产业链 004
- 1.1.3 直播电商平台分析 007

1.2 抖音电商的发展趋势 008
- 1.2.1 直播电商的总体发展 008
- 1.2.2 行业发展带来的消费新趋势 010

1.3 上机练习 012
- 1.3.1 上机练习一 直播平台入口分析 012
- 1.3.2 上机练习二 不同平台直播间分析 012

1.4 巩固练习 013
- 1.4.1 填空题 013
- 1.4.2 选择题 013

第2章 走进抖音直播行业 014

2.1 抖音电商直播概述 015
- 2.1.1 抖音电商定义 015
- 2.1.2 抖音电商直播分类 015

2.2 抖音直播的底层逻辑 017
- 2.2.1 抖音直播间的流量层级 017
- 2.2.2 抖音直播间的考核机制——赛马机制 017
- 2.2.3 抖音直播不可触碰的常见规则红线 018

2.3 抖音直播间的流量来源 019
- 2.3.1 抖音直播间的三类流量 020
- 2.3.2 抖音直播间三类流量的特点 020

2.4 抖音直播间的构成 021
- 2.4.1 人员构成 021
- 2.4.2 货品组合 024
- 2.4.3 场景构成 025

2.5 上机练习 031
- 2.5.1 上机练习一 抖音直播间分析 031
- 2.5.2 上机练习二 带货直播间构成分析 032

2.6 巩固练习 032
- 2.6.1 填空题 032
- 2.6.2 选择题 032

第3章 从0到1搭建直播间 034

3.1 做好账号定位 035
- 3.1.1 角色定位 035
- 3.1.2 运营定位 039

3.2 如何科学选品 045
- 3.2.1 直播间选品的基础逻辑 045
- 3.2.2 直播间商品定价策略 047

3.3 如何搭建场景 048
- 3.3.1 直播方式分类 048
- 3.3.2 直播间场景搭建及准备 051

3.4 上机练习 054
- 3.4.1 上机练习一 定位自己的主播人设 054
- 3.4.2 上机练习二 策划直播带货实施方案 055

3.5 巩固练习 055
- 3.5.1 填空题 055

3.5.2 选择题（多选）……………055

第4章 直播策划与起号……057

4.1 策划直播流程……………058
4.1.1 直播策划重要性及流程……058
4.1.2 直播目标制定……………060
4.1.3 直播主题与营销活动设计……062

4.2 控制直播节奏……………065
4.2.1 直播间阶段分析……………065
4.2.2 直播间节奏把控……………066

4.3 直播起号……………069
4.3.1 直播起号类型……………069
4.3.2 直播起号方法……………070

4.4 上机练习……………074
4.4.1 上机练习一 直播间分析……074
4.4.2 上机练习二 策划直播……074

4.5 巩固练习……………074
4.5.1 填空题……………074
4.5.2 选择题……………075

第5章 如何做好一名主播……076

5.1 心态平衡……………077
5.1.1 两个步骤完成首播……077
5.1.2 六"不"原则hold住粉丝……079
5.1.3 直播间突发状况的应对策略……080

5.2 形象管理与镜头感知……081
5.2.1 外形管理、表情管理、肢体动作管理……081
5.2.2 建立镜头感知力……084

5.3 声音操控与语言掌控……088
5.3.1 声音操控……088
5.3.2 语言掌控……091

5.4 主播话术设计及运用……094
5.4.1 产品话术挖掘……094
5.4.2 主播话术打造……096

5.5 上机练习……………099
5.5.1 上机练习一 把控自己的直播状态……099

5.5.2 上机练习二 单品话术编写……099

5.6 巩固练习……………100
5.6.1 填空题……………100
5.6.2 选择题（多选）……………100

第6章 直播间数据分析与复盘……101

6.1 直播间数据分析……………102
6.1.1 直播间人气数据……………102
6.1.2 直播间成交数据……………105

6.2 直播间数据复盘……………108
6.2.1 直播间人气数据复盘与优化……108
6.2.2 直播间成交数据复盘与优化……116

6.3 上机练习……………121
6.3.1 上机练习一 直播数据收集……121
6.3.2 上机练习二 直播数据优化……121

6.4 巩固练习……………121
6.4.1 填空题……………121
6.4.2 选择题……………122

第7章 抖音小店入驻与设置……123

7.1 抖音小店入驻……………124
7.1.1 抖音小店的概念……………124
7.1.2 抖音小店入驻相关规定……126
7.1.3 抖音小店入驻后续操作……132

7.2 抖音小店设置……………137
7.2.1 店铺基础设置……………137
7.2.2 商品管理……………145
7.2.3 营销工具设置……………151
7.2.4 店铺装修……………166
7.2.5 保障服务……………173
7.2.6 抖音小店的店铺体验分……176

7.3 上机练习……………178
7.3.1 上机练习一 开通抖音小店……178

  7.3.2 上机练习二 上传商品、
     店铺装修 ································ 178
  7.3.3 上机练习三 设置营销
     活动 ···································· 178
7.4 巩固练习 ·· 178
  7.4.1 填空题 ································ 178
  7.4.2 选择题 ································ 179

第8章 抖音直播流程与工具·· 180

8.1 抖音直播准备工作 ························ 181
  8.1.1 达人开通账号权限 ············ 181
  8.1.2 精选联盟选品带货 ············ 187
  8.1.3 完成直播带货任务 ············ 193
8.2 抖音直播带货 ································ 197
  8.2.1 直播带货流程 ···················· 197
  8.2.2 直播绿幕大屏 ···················· 207
  8.2.3 达人专属价商品和主播
     提词卡 ································ 211
  8.2.4 促进直播转化工具 ············ 220
  8.2.5 实时直播大屏 ···················· 230
  8.2.6 复盘直播数据 ···················· 235
  8.2.7 抖音直播带货常用工具 ······ 240
8.3 上机练习 ·· 246
  8.3.1 上机练习一 开播体验 ········ 246
  8.3.2 上机练习二 使用巨量
     百应 ···································· 247
8.4 巩固练习 ·· 247
  8.4.1 填空题 ································ 247
  8.4.2 选择题 ································ 247

参考文献 ·· 249

第1章

深入了解直播电商

本章主要讲解直播电商行业的基础知识,通过介绍直播电商的发展历程、直播电商的产业链并分析现阶段热门直播电商平台的特点,让读者对直播电商平台及直播电商行业前景有清晰的认识。

通过本章学习,读者可以清晰地了解直播电商的概念与现状,以及抖音直播电商与其他平台直播电商的区别,同时对直播电商整个行业的职业前景有更加清晰的认知。

> **课前预习**
>
> 熟悉现阶段比较热门的直播带货平台,并回答下列问题:
> (1)现在主流直播带货平台有哪些?
> (2)抖音直播平台与其他直播带货平台有哪些不同?

1.1 直播电商概述与认知

直播电商本身是对传统电商人、货、场的重构,要想做好直播电商,必须了解其底层逻辑。

1.1.1 直播电商概述

消费作为持续拉动经济增长的驱动力、主引擎,作用日趋凸显,消费意愿的持续释放越来越重要。消费者的消费意愿持续提升的同时,其消费逻辑也在升级,也就是所谓的"消费升级"。而直播电商是品牌应对消费升级的必经之路。

1. 直播电商的概念

直播电子商务(live streaming e-commerce),简称直播电商,是电子商务的衍生模式,是在电子商务环境下使用直播媒介,以促进商品和服务的购买与销售的一种商务模式(图1-1)。它以直播为工具,以电商为基础,通过直播为电商带来流量,从而达到电商销售的目的。

视频1-1
直播电商的
概念和本质

直播电商 = 直播(手段) + 电商(基础)

图1-1 直播电商

2. 直播电商的本质

直播电商的经营特点是"货找人"。人是直播电商业务关系中的核心,人指直播电商中的主播,也指直播电商的消费者。

直播的效率在于能满足"货"的动态化展示,更加真实、有效。同时,主播依据用户的喜好和需求向其精准地推荐商品,降低了用户购物决策的时间和难度。

在直播电商中,主播不是帮品牌商卖产品,而是帮用户买产品。"以人为本"的主播不断输出内容,获得消费者认可或使消费者成为粉丝,以进一步了解粉丝的需求,实现产品的精准推荐。

直播电商并不是电商的简单升级,提供给企业另一种经营品牌的路径。借助直播的高效率,企业不仅可以提高渠道效率和销售转化率,而且可以通过经营直播的主播人设,实现粉丝积累和产品销售转化,进而实现品牌的建设。

3. 直播电商的特征

直播电商借助直播媒介开展电子商务活动,具有实时性、真实性、直观性、互动性和精准性五大特征。

视频1-2
直播电商的
五大特征

（1）实时性。借助直播电商平台，主播能够实时与用户分享自己的生活日常，将自身所处的环境、氛围等信息一并传递给用户。这类动态化的内容，对信息的包容度更强，更适合进行信息的传递。与此同时，用户可以通过评论的方式对主播发布的相关信息进行实时交流互动。

（2）真实性。直播电商的实时传播使得作为内容传播者的主播难以"调试"自己，主播的举动被实时传输到观看直播的用户面前，这大大降低了网络的虚拟感，让用户获得更加真实的体验。在观看直播的过程中，用户可以就商品的相关问题与主播实时互动，主动向主播咨询和获取商品的有效信息。

（3）直观性。区别于传统电商平台上的文字和图片，在直播电商过程中，主播能够对商品进行全方位展示，将商品的设计细节更加直观地呈现给用户，对商品的使用方法和技巧等进行示范，让用户在了解商品的同时也可以掌握一些商品的使用技能。

（4）互动性。与传统的商品展示相比，直播电商具有很强的双向互动性。在直播电商的过程中，用户与用户、用户与主播通过弹幕实时互动，弹幕架起了用户与主播、用户与用户之间沟通的桥梁，从而营造出一种聚众观看直播的虚拟体验，满足了用户的陪伴需求和社交需求。

（5）精准性。面对互联网上的海量信息，用户难以识别信息的有用性，而直播电商能够针对用户进行精准传播，传播的内容对用户来说是有用的精准信息。进入直播间的用户，本就是对产品感兴趣的目标用户，这是用户凭借个人喜好进行选择的主动行为，因此具有高度的精准性。用户接触直播电商带有购物的目的，此时主播就能通过互动精准地把握用户的需求。同时，主播通过对用户疑问的解答和多次商品展示，提升用户对于商品的认知，提供对用户有用的精准信息，极易完成商品的销售。

4. 直播电商的发展历程

2013年，以蘑菇街、美丽说为代表的电商第三方导购平台转型电商直播。

2016年3月，蘑菇街利用自身社区导购的流量优势，开始转型为时尚买手，率先上线视频直播功能，定位女性垂直电商，成为"直播+内容+电商"平台，直播业务效果卓越。

2016年5月，淘宝、京东相继开通了直播功能，并接连发布直播达人扶持计划，投入资金10亿元。阿里巴巴联合MCN（多频道网络）机构孵化素人主播。

2018年，快手、抖音相继开启短视频电商导购。快手直播带货功能上线，凭借天然的私域流量基因，孵化出一些有代表性的明星主播，成为淘宝后第二大直播电商平台。

2019年，淘宝直播（现更名点淘）独立App上线，大力扶持商家直播"店播"，改变对头部主播的依赖，推动直播电商进入2.0时代。另外，腾讯、拼多多、抖音等相继开通直播带货功能。

2020年，直播电商仍飞速发展。抖音开放企业号直播特权，进一步刺激了整个直播行业，在"宅经济"的背景和政府的政策扶持下，网络直播营销蓬勃发展。

2021年至今，进入全民直播时代，电商直播获得爆发式发展，产业链逐渐完善。

5. 直播电商的发展现状

（1）直播电商的发展模式。电商平台和短视频平台的发展模式是不同的（图1-2），主要体现在以下两个方面：

① 电商平台增加直播模块，探索电商内容化，通过直播增加电商平台流量，主要以淘宝、拼多多、京东为代表。

② 短视频平台增加电商模块，探索内容电商化，将已有流量变现，主要以快手、抖音为代表。

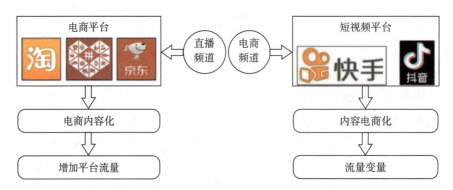

图1-2 电商平台与内容平台的发展模式

（2）直播电商的发展动因。直播电商发展至今，经历了红利期、成长期、蓄能期、爆发期四个阶段。分析直播电商的发展动因，主要有以下六个方面：

① 提升用户体验的必备趋势。

② 传统电商流量红利趋弱。

③ 5G等新一代信息技术奠定基础。

④ 内容平台新商业变现模式。

⑤ 完善的供应链助力直播电商发展。

⑥ 受疫情影响线上消费激增。

6. 直播电商的商业价值

直播电商的商业价值包括如下：

（1）直播电商已成为企业建设品牌的有效路径。

（2）直播电商可帮助企业高效获取精准用户：

① 通过KOL（关键意见领袖）获取精准客群。

② 直播IP的打造和积累。

（3）直播电商可以有效提高企业销售效率：

① 直播电商可有效提升企业渠道效率，加强与消费者的沟通。

② 直播电商可有效提升产品销售转化率。

1.1.2 直播电商产业链

直播电商产业链由五个角色组成，分别是品牌商、MCN机构、主播、消费者和直播电商平台（图1-3）。

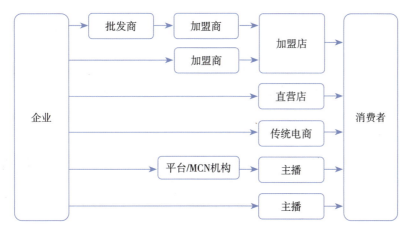

图1-3 直播电商产业链

1. 品牌商

在直播电商产业链中,品牌商作为供应方位于上游。品牌商入驻直播电商平台,基于平台的大流量,通过与MCN机构、主播合作,提高渠道效率和销售转化率,建设品牌形象,经营与消费者的关系。

品牌商开展直播电商的主播选择:① 通过MCN机构对接主播;② 商家自播,即品牌商自行开展直播电商活动。

品牌商开展直播电商的直播策略:① 品牌推广;② 去库存。

对品牌商来说,通过直播可以提高品牌影响力,为线上店铺引流。

2. MCN机构

MCN机构可以理解为网络平台上内容创作者和平台之间的服务中介。在直播电商产业链中,MCN机构在确定品牌商及自身需求后,对已有资源进行分配,并将任务发放至签约主播,之后通过自身流量渠道进行推广,从品牌商提供的服务费、平台提供的销售分成以及消费者的相关消费中获得收入。

MCN机构为品牌商匹配符合其需求的主播并提供渠道资源支持,为主播选题、组织内容生产、拍摄、剪辑等提供专业、高效的支持,为直播电商平台提供丰富的优质内容,以构建更完善的内容生态。

3. 主播

在直播电商产业链中,主播基于直播平台面向消费者进行直播,在直播过程中推荐、销售商品。主播可以通过MCN机构对接品牌商或直接对接品牌商获得服务费和平台的销售分成。主播按照身份和等级可进行不同的分类。

(1)按身份分类,主播可分为平台主播、明星主播、特色主播、商家主播四类。

(2)按等级分类,主播分为三个大的级别,即TOP主播、腰部主播、新晋主播(图1-4)。以淘宝直播为例,主播分级涉及的维度包括直播场次、直播时长、平台活动完成率、粉丝留存率等。

图1-4 主播等级分类

4. 消费者

在直播电商产业链中，消费者作为需求方位于下游。消费者会受主播影响在平台进行消费，主播可以经营与消费者之间的关系。中国消费者协会于2020年3月发布的《直播电商购物消费者满意度在线调查报告》显示，消费者的直播电商购物行为如下：

（1）超半数消费者购物频率在每月一次及以上。

（2）从直播购物品类偏好来看，消费者在直播电商购买的品类大多为服装、日用百货、美食、美妆，其中选择服装的消费者最多（图1-5）。

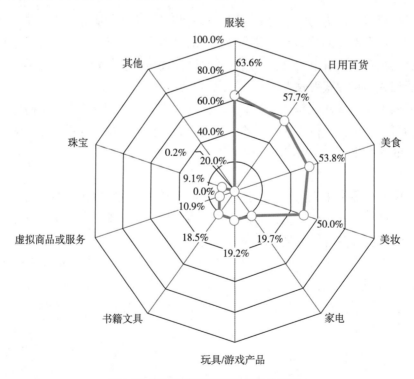

图1-5 直播电商的消费者偏好分析图

（3）观看直播的主要原因是了解商品信息。

（4）商品性价比和喜好程度是购物决策的关键因素。

（5）"担心商品质量没有保障"和"担心售后问题"是消费者两大主要顾虑。

5. 直播电商平台

直播电商平台是直播电商产业链的核心，对接其他参与主体：品牌商入驻平台，MCN 机构和主播通过平台进行直播内容的生产和输出，主播通过平台向消费者推荐商品，消费者通过平台观看直播、关注主播、进行消费。

直播电商平台的组成有以下三种方式：

（1）电商平台上线直播模块，直播、交易都在电商平台内实现，这种方式以淘宝直播为代表。

（2）内容平台上线直播模块，直播在内容平台内实现，但是交易会跳转到电商平台实现。这种情况下电商平台会向内容平台抽取较高比例的佣金。例如，抖音小黄车前期以挂淘宝、京东等第三方链接实现交易。

（3）内容平台除了上线直播模块，同时上线电商模块，使得直播和交易都在内容平台内实现，如快手电商、抖音小店等。

1.1.3 直播电商平台分析

无论是对转型直播电商的企业来说，还是对准备从业的个人来说，了解公域流量和私域流量的特点与区别，选择合适的直播平台，都是开展直播电商的第一步。流量即访问量，是指访问网站、阅读文章、观看视频或直播的人数。

1. 公域流量的概念

公域流量也称平台流量。它不属于单一个体，而是被集体所共有的流量，是商家通过平台销售商品或服务所获取的流量。

公域流量直播的一般形式就是依托第三方平台的直播。企业或品牌自己没有建立相关的用户链接，没有自己的私域流量池，需要借助第三方的流量资源完成直播。

对于商家而言，依托平台获取流量需要付费，流量成本较高。另外，平台不会完全共享核心数据，商家无法掌控交易的所有数据。

2. 私域流量的概念

私域流量是相对于公域流量来说的，是指不用付费，可以在任意时间，以任意频次，直接触达用户的渠道（如自媒体、用户群、微信号等），是一个社交电商领域的概念。

私域流量的转化率高，通过更便捷、更低的成本触达用户并运营，可以使用一定量的流量获得更高的收入。

私域流量直播的一般形式就是企业或品牌已经建立相关的用户链接，利用App、小程序、微信群等方式建立用户链接，形成基于用户链接的私域流量池进行直播。

3. 公域流量和私域流量的对比分析

（1）公域流量和私域流量的优势与劣势对比分析见表1-1。

表1-1 公域流量和私域流量的优势与劣势对比分析

流量类型	优势	劣势
公域流量	（1）受众面广，可将品牌快速宣传到各受众人群，形成广而告之的效应； （2）持久化冲击消费者记忆，有助于塑造品牌形象； （3）保持品牌活跃度和竞争规模，提高品牌存活时间	（1）企业不能完全掌控自身的流量分发，流量始终属于平台，只能跟随平台的发展规律顺势而为； （2）每次流量的使用需支付高昂的费用，企业的获客与转化成本高
私域流量	（1）使用流量无须付费，可以反复使用，获客与转化成本低； （2）企业可以随意精准地触达消费人群； （3）主播可与用户深度互动，可进行深度渗透，有助于建立深厚的品牌情感	对企业的运营能力要求较高，包括私域流量的获取与运营等

（2）公域流量和私域流量运营逻辑对比，如图1-6所示。

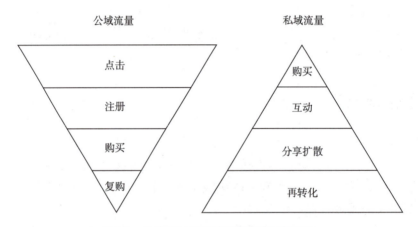

图1-6 公域流量与私域流量运营逻辑对比

1.2 抖音电商的发展趋势

2016—2018年，直播电商历经3年的沉淀，迎来了爆发期，直播电商服务企业和从业人员迅速发展。为了规范直播行业，我国中央和地方相关部门、行业协会等相继制定管理规定。行业不断成熟，竞争日益激烈，对从业人员的专业度要求越来越高。2020年7月6日，人力资源和社会保障部联合国家市场监管总局、国家统计局发布9个新职业，其中"互联网营销师"下增设"直播销售员"，这意味着带货主播成为正式工种。

1.2.1 直播电商的总体发展

2020年年初，"宅经济"的日益兴盛与政府扶持使直播电商行业发展呈现新特征：布局直播电商业务的平台类型多样化、流量头部化与私域化趋势并存；主播类型更为多元化，商家自播逐渐常态化。

1. 直播行业的高速发展

《直播电商行业高质量发展报告（2022—2023年度）》显示，2022年我国直播电商市场交易规模达到3.49万亿元。2023年电子商务在扩内需、稳外贸、深化国际合作方面发挥了积极作用。其中，全国直播电商销售额预计达到4.92万亿元，增长40.9%，直播电商在零售行业中的渗透率达到24.3%。2018—2023年中国直播电商市场规模及增长率，如图1-7所示。

扩展资料1-1
电商直播行业报告

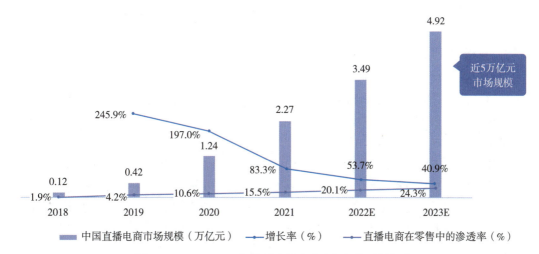

图1-7　2018—2023年中国直播电商市场规模及增长率

商务部数据显示，2023年上半年，重点监测电商平台累计直播销售额1.27万亿元，直播场次数超过1.1亿场，直播商品数超过7000万个，活跃主播数超过270万人。相比2022年的数据，直播场次数、直播商品数和活跃主播数都有明显增长，整体直播电商业态呈快速增长态势。

与传统网店相比，直播间能够实现双向实时互动。凭借超长的直播时长和密集的场次覆盖，直播间已成为新型网络店铺。同时，直播电商利用更丰富的视频信息推介，把一些原本难以在线上销售的非标品也加入直播间货架。品牌商纷纷入驻直播间，利用私域流量助力品牌持续增长，品牌直播成为企业营销的重要方式。随着人工智能和虚拟现实技术的迅速发展，已崭露头角的虚拟主播应用将更加广泛。直播电商行业正从流量驱动转为产品和内容驱动，进入以品牌自播、知识主播、技术赋能和定制化直播等为特点的发展新阶段。

2. 直播行业逐步规范化

近年来，电商平台和直播带货迅猛发展，在为广大消费者提供便利的同时，也出现了一些新问题。2022年双十一期间，中国消费者协会利用互联网舆情监测系统，对10月20日至11月13日期间的消费维权情况进行了网络大数据舆情分析。在监测期内，共收集到"直播销售"负面信息50.9万条，占"吐槽类"信息总量的9.3%。其中，主要问题包括假冒伪劣、货不对版、优惠差异等。

2022年以来，国家、地方人民政府出台了多部规范性文件和监管措施，保护消费者权益和维护市场秩序，同时积极制定政策引导、扶持行业发展，为直播电商行业健康蓬勃发展打造积极的政策环境。与此同时，各大直播电商平台通过自我监管快速响应和灵活调整，及时更新和修订治理规则，有效增强了行业自律，提升了用户体验和信任度，促进了行业的可持续发展。

2022年，国家互联网信息办公室、国家税务总局、国家市场监督管理总局联合印发《关于进一步规范网络直播营利行为促进行业健康发展的意见》，着力构建跨部门协同监管长效机制，加强网络直播盈利行为规范性引导，鼓励支持网络直播依法合规经营，促进网络直播行业在发展中规范，在规范中发展。

未来随着直播电商的升级发展，相关监管措施将更加完善，直播电商将加速步入规范化、可持续化发展的正轨，成为经济双循环的新引擎。

3. 直播行业从业人员专业化

随着行业不断成熟、竞争日益激烈以及政策监管趋严，不管是平台、商家，还是主播等，都对从业人员的专业度要求越来越高。各地区政府陆续发布电商直播相关人才培养与引进政策，很多院校开始探索校企融合、协同育人的培养方式，通过与MCN（多频道网络）机构和品牌方合作，为学生提供实践机会。

例如，2023年12月，郑州市人民政府发布《郑州市加快直播电商发展的实施方案》，实施方案指出，鼓励直播电商产业基地同高校、协会、直播平台、MCN机构合作，引进国内优秀主播人才，发布急缺人才需求目录，联合建立专业实训中心，以市场需求为导向，推进人才供需匹配，构建多方联动的直播人才培引体系，在落户、购（租）房、子女入学等方面给予支持。

随着市场对人才需求的增加、国家规范和监管力度持续加强，直播电商行业的人才培养将加速朝规范化、系统化方向发展。行业差异化培养人才的意识不断增强，直播电商行业不断注重产业链上各环节的人才培养，如文案策划人才、运营管理人才等，以期实现整个行业的均衡发展。

1.2.2 行业发展带来的消费新趋势

近年来，消费市场经历了复杂的变化，在市场环境影响下，人们的需求与消费理念不断改变，消费市场永远在动态变化，而变化中也蕴藏着新的机遇。

1. 紧跟潮流，打造季节仪式感

年轻人以季节为符号，每个季节都会出现一些流行趋势（图1-8），这些趋势以强烈的氛围感、仪式感来吸引大众目光，从而带火一批新兴行业。

例如，2022年冬季盛行的"围炉煮茶"成为年轻人的社交新宠，商家借着流量的增长趋势，推出了"围炉煮茶"周边产品及服务。据新抖数据平台统计，淘宝增加"围炉煮茶"相关产品约8.4万件，超过70家商家推出应季"围炉煮茶"团购服务。

2. 情绪治愈，当代人的情绪解药

为了解压、治愈精神内耗，新的需求催生了新的行业，如tufting（簇绒）、阳台种菜、comfort food（治愈系美食）等。治愈类消费通过提供感官上的柔和刺激，如毛茸茸的触感、美妙的口感、沉浸式的体验等，来安抚、疗愈精神和心理，从而获得一定的放松。

图1-8　2022年不同季节流行趋势

3. 精致懒宅，花钱解放双手

现代人的生活节奏加快，人们的时间在逐渐被经济化，有一定经济能力的人想要把时间花在更有意义、更有价值的事情上，从而衍生出"懒人"生活方式。

预制菜、新型科技产品（如扫地机器人等智能家电）、收纳师等行业也在迅速发展。"精致懒宅"的消费从基础物质型转为品质型，更愿意把钱花在提高生活品质上。

4. 风起户外，新运动及新方式

露营、飞盘、骑行、陆冲等运动兴起，许多跨界品牌搭乘流量东风，围绕户外活动推出周边产品。例如，太二推的野餐垫，饿了么与汉堡王联合推出飞盘套餐，泡泡玛特推出飞盘等（图1-9），迎合盛行的户外风。

图1-9　众多品牌推出的户外联名活动

5. 硬核养生，边伤边补

养生不再是老年人的专属，年轻人纷纷开启养生之路，碍于时间、空间及难以自律维持等因素，年轻人的养生较为矛盾，"边伤边补"成了年轻群体养生的典型写照。简单、便携、容易使用的养生产品，更容易受到年轻人青睐。另外，随着信息的透明化，消费者开始对产品的效用和安全性有了更高的要求。

6. 宠物陪伴,是宠物更是家人

在年轻人群体中,人宠关系在逐渐变化,由传统饲养关系,逐渐升级为"家人"。"物质上我养它,精神上它养我",宠物成为很多年轻人生活中不可或缺的一部分。

宠物食品、智能宠物设备、宠物洗浴、宠物衣物、宠物玩具、宠物美容、宠物摄影、宠物婚介、宠物殡葬等形成了一个完整的产业链。

本章总结

直播电商的概念是直播带来流量,电商是基础。人是电商业务的核心。

直播电商的产业链分别由品牌商、MCN机构、主播、消费者、直播电商平台五部分组成,每部分之间在产业链中的相互作用形成了直播电商产业链的完整体系。

现有直播平台可根据流量机制的不同分为公域流量和私域流量两类。了解公域流量和私域流量的特点与区别,合理选择直播平台。

直播电商生态的繁荣意味着竞争的激烈,优质的供应链和专业的从业人员在未来的行业里更有生存空间。

近年来,消费市场经历了复杂的变化,线上直播形式的变化带来了新的消费趋势。

1.3 上机练习

1.3.1 上机练习一 直播平台入口分析

1. 训练的技能点

(1)信息收集的能力。

(2)对不同直播平台的基础认知。

2. 需求说明

注册抖音、快手、淘宝账号,并了解如何在各平台直播间进行购物,每个平台至少写出两种进入直播间购物的流程,并根据进入流程谈个人体会,形成文档。

1.3.2 上机练习二 不同平台直播间分析

1. 训练的技能点

(1)信息收集的能力。

(2)对不同直播平台的基础认知。

2. 需求说明

分别在抖音、快手、淘宝平台的直播页面搜索"女裤",对比这三个平台搜索后的推荐页面的不同，并根据个人体验分析优劣势；进入各平台直播间，分析各平台直播间的不同之处，形成对比文档。

1.4 巩固练习

1.4.1 填空题

1. 直播电商是以直播为工具，以电商为基础，通过＿＿＿＿＿为电商带来流量，从而达到为电商＿＿＿＿＿的目的。
2. 直播电商经营的本质是＿＿＿＿＿，是直播电商业务中关系的核心。
3. 直播电商五个特性分别是＿＿＿＿＿、＿＿＿＿＿、＿＿＿＿＿、＿＿＿＿＿、＿＿＿＿＿。
4. 直播电商产业链由＿＿＿＿＿、＿＿＿＿＿、＿＿＿＿＿、＿＿＿＿＿、＿＿＿＿＿五个角色组成。
5. 未来随着直播电商的升级发展，相关监管措施将更加完善有效，直播电商将加速告别"＿＿＿＿＿"状态，步入发展的正轨，成为经济双循环的新引擎。

1.4.2 选择题

1. 在下列选项中，（　　）直播电商平台属于内容电商。
   A．淘宝　　　　　B．拼多多　　　　C．抖音　　　　D．京东
2. 直播的效率在于能满足（　　）的动态化展示，更真实有效。同时，主播依据用户的喜好和需求向其精准地推荐商品，降低了用户购物决策的时间和难度。
   A．货　　　　　　B．人　　　　　　C．主播　　　　D．场景
3. 直播电商经历3年的沉淀，在（　　）年迎来爆发期，直播成为平台延长用户时长、提高营销转化率的普遍方式。
   A．2016　　　　　B．2017　　　　　C．2018　　　　D．2019
4. 流量分为公域流量和私域流量两类，下列选项中关于公域流量的说法错误的是（　　）。
   A．受众面广，可将品牌快速宣传到各受众人群，形成广而告之的效应
   B．保持品牌活跃度和竞争规模，提高品牌存活时间
   C．每次流量的使用需支付高昂的费用，企业的获客与转化成本高
   D．对企业的运营能力要求较高，包括私域流量的获取与运营等
5. 随着直播电商行业的发展，对（　　）培养人才的意识不断增强，直播电商行业不断注重产业链上各环节人才培养，如文案策划人才、运营管理人才等，以期实现整个行业均衡发展。
   A．专业化　　　　B．娱乐化　　　　C．差异化　　　　D．灵活化

第2章

走进抖音直播行业

　　本章主要介绍抖音直播的底层逻辑、直播间流量来源及直播间的组织构成。通过对这些方面的介绍和分析,让读者对抖音直播具体规则和构成有更清晰的认知。

　　通过本章学习,读者可以清楚地了解一个成熟的抖音直播间的算法、流量来源及商品和人员构成。

> **课前预习**
>
> 熟悉抖音直播间的人员构成,并回答下列问题:
> （1）抖音直播间有哪些工作人员?
> （2）抖音直播间有哪些流量来源渠道?

2.1 抖音电商直播概述

与传统直播电商不同,抖音的直播电商官方称为"兴趣电商",利用大数据分析技术,预测用户的喜好,并匹配相应的产品。

2.1.1 抖音电商定义

在2021年4月8日抖音电商首届生态大会上,抖音电商总裁康泽宇在主题演讲中首次阐释了兴趣电商的概念(图2-1),即一种基于人们对美好生活的向往,满足用户潜在购物兴趣,提升消费者生活品质的电商。

图2-1 兴趣电商的组成

相比传统电商消费者有目的地购物,兴趣电商依托抖音大数据算法的精准匹配功能,深层次地解析并预测每个用户的喜好与行为,从而满足用户潜在的购物需求,激发用户购物兴趣,达成交易。兴趣电商的特点见表2-1。

表2-1 兴趣电商的特点

内容及内容链接	(1)以内容激发消费者兴趣和购买意愿; (2)短视频前置心智"种草",直播阵地加速销量爆发
用户	(1)通过节点营销,满足不同用户群体的需求; (2)建立消费者与商家、平台的深度信任关系
机制	(1)各类特色玩法持续迭代,加速节点营销增长; (2)服务体系日益完善,为各方价值实现提供保障

2.1.2 抖音电商直播分类

抖音作为内容平台通过增加电商模块的形式发展成为新形态电商平台,平台中的直播板块可大致分为娱乐直播、游戏直播、知识分享直播、情感直播、商业直播等类型。其中,商业直播是以带货直播及品牌推广为内容的纯商业行为,其他类型的直播会根据变现方式的改变转换为商业直播。

因此，抖音平台的电商直播可分为达人带货直播（图2-2）和店铺带货直播（图2-3）两种类型。

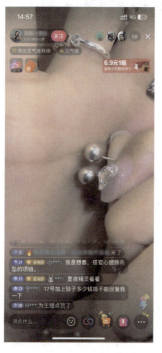 

图2-2　达人带货直播间　　　　　图2-3　店铺带货直播间

1. 达人带货直播

达人带货直播（简称达人播）是指以主播为中心进行商品混播，商家与主播以合作的方式开展的直播。达人带货直播间的主播带有强IP属性，知名头部、腰部达人以高坑位费、低佣金的方式进行，底层、新手达人以精选联盟赚取商家佣金，因此转化率与退货率均高于店铺带货直播。

2. 店铺带货直播

店铺带货直播（简称店播）是商家（厂家、品牌商、各级别店铺）与店播代运营机构或个体主播长期合作，以店铺账号为主，全年进行常态化直播。店铺带货直播以佣金为主要收费，其投资回报率（ROI）一般略高于达人带货直播。

达人带货直播和店铺带货直播在合作形式、盈利模式等方面有一定差别，如图2-4所示。

		达人带货直播		店铺带货直播	
	ROI	一般略低于店铺带货直播	高坑位费 低佣金	一般略高于达人带货直播	低服务费 高佣金
差异性	合作形式	短期合作，频次较低。达人带货直播按场次收坑位费+销售佣金，是否保证销售额以及上播时间与顺序的主导权视不同情况而定		季度合作、半年度合作、年度合作，全年高频播。涉及全年运营规划，会进一步开展沟通合作	
		・强IP人设　・转化率高　・退货率高		・店铺消费者　・转化率低　・退货率低	
	盈利模式	按场次收坑位费+销售佣金，一般收费高于店铺带货直播		①按场次收固定服务费+销售佣金 ②按小时收费	一般单场收费低于达人带货直播

图2-4　达人带货直播与店铺带货直播对比分析

达人带货直播一般是短期合作，按场次收坑位费和销售佣金，强IP人设、转化率较高，但退货率也较高。

店铺带货直播一般是季度、半年、年度合作，收取的坑位费和销售佣金低于达人带货直播，转化率低于达人带货直播，但退货率较低。

2.2 抖音直播的底层逻辑

抖音直播间的流量层级采用赛马机制，不同层级的直播间获得的流量不同。另外，抖音直播中违规现象较多，需要充分了解抖音红线，才能做好直播内容，避免被限流。

视频2-1
抖音直播的
底层逻辑

2.2.1 抖音直播间的流量层级

直播间的流量层级是抖音平台针对每一个直播间的考核指标，层级越高代表直播间输出内容越优质。该考核指标服务于抖音平台的算法机制，以每小时为单位（表2-2）。

表2-2 抖音直播间流量层级

流量层级	每小时流量进入	平均在线人数
S级	30万+	1万+
A级	10万~30万	3000+
B级	3万~10万	1000+
C级	1万~3万	100+
D级	1000~1万	50+
E级	100~1000	10+
F级	0~100	<10

2.2.2 抖音直播间的考核机制——赛马机制

抖音直播间流量的赛马机制：同一个赛道里，谁跑得快，谁得到的奖励就越多。也就是同时段开播的同品类、相同量级的直播间在同一赛道，通过直播间的相关数据进行的实时赛马，相关数据越好，流量权重就越高，获得的优质资源就越多，如图2-5所示。

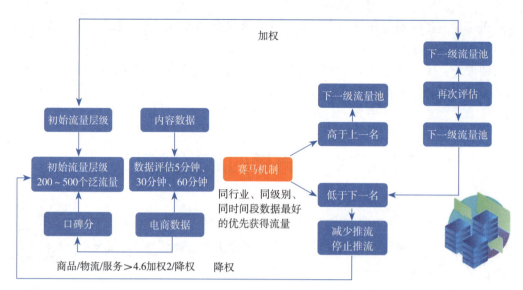

图2-5 抖音直播间流量赛马机制的解读

1. 赛马机制解析

（1）第一次开播时，系统会推送200~500个泛流量，作为初始流量对账号进行定位，判定账号需要的人群以及该账号的标签。

（2）账号的标签由短视频或直播数据中的内容数据和电商数据的比重决定。

（3）后期开播前都会有一波开播急速流量，该流量的大小由前一场直播间数据所处流量层级决定。

2. 赛马机制的特点

（1）同级别的直播间才会赛马。

（2）每一场直播都是一场考试。

（3）长时间考不好，可以通过一次高分重回赛马场。

综上所述，做好每场直播是在赛马机制下获胜的关键。

2.2.3 抖音直播不可触碰的常见规则红线

很多商家在入驻抖音平台之后，在实际运营过程中，一不小心就会违规。也有很多商家做了很久抖音电商，但是对抖音红线却不太了解，常见违规行为有很多，主要包括以下几方面。

（1）骚扰他人。辱骂、威胁、频繁联系邀好评、改评价、诱导好评、不履行改评价承诺、邮寄让人反感的物品、私自上门等行为都属于骚扰他人。一旦商家出现此种情况，根据违规情节是否严重，官方会做违规扣分。

（2）重复铺货。重复铺货就是同一商家在同一店铺或多个店铺中发布两件（含两件）以上完全相同或重要属性相同的商品。平台不鼓励商家重复铺货的行为，被认定是重复铺货的商品，不仅会被限制推荐流量分发，还会受到商品下架、封禁等处罚。

（3）违禁词。违禁词是非常高频的违规，主要是《中华人民共和国广告法》中规定的一些极限词，尤其涉及虚假宣传，违规处理也等同于虚假宣传。官方会根据违规情节做违规扣分。

（4）站外引流。站外引流是指商家通过在商品页面或通过其他宣传途径发布引导信息，引流至其他平台（非抖音电商允许的平台）或引导至线下交易，以此摆脱平台管控的行为。商家一旦被平台发现有站外引流行为，将被扣除保证金。

（5）电商黑产。电商黑产是指商家通过店铺及其关联店铺，有组织地规避平台规则、协议或法律法规，试图或已经取得不合法利益，侵害消费者利益，对平台造成不良影响的行为。平台称之为"不当获利"违规行为。商家如果出现这种情况，不仅会被扣除保证金，若违规情节严重，还将被移送司法机关。

（6）私下导流交易。私下导流交易是商家发布了非平台认证链接、非平台联系方式、实体店信息、银行账号及其他付款方式、二维码等信息。根据违规情节，官方会做商品下架、违规扣分等处罚。

（7）侵权行为。侵权行为是指在平台内侵犯他人合法权益的行为，包括但不限于冒充他人、不当使用他人著作权或专利权、抄袭搬运等。根据违规情节，官方会做扣分、扣保证金、封店等处罚。

（8）扰乱平台秩序。扰乱平台秩序即商家扰乱和破坏公平竞争、平等交易的平台秩序，侵害其他商家权益或对平台造成不良影响的行为。根据违规情节，官方会做违规扣分处罚。

（9）危及消费者权益。危及消费者权益即商家的商品、服务或交易方式出现大量导致消费者权益受损的情况，或有导致消费者权益受损的趋势。平台有权视具体情况采取包括但不限于公示警告、关闭订单、限制货款提现、扣除违规所得货款、店铺清退、关联店铺/账号的处理及平台认为必要的其他处理等措施。

（10）违规开展跨境电商。违规开展跨境电商是指国内（不包括港澳台）商家从境外直接向消费者发货的行为。该行为涉嫌违反跨境电商零售进口的相关监管规定，平台禁止国内（不包括港澳台）商家直接从境外或保税区向消费者发货，同时禁止商家从事相应宣传活动（包括但不限于页面宣传或线下联系宣称可以从境外或保税区直接发货等行为）。国内（不包括港澳台）商家出售的商品均应从国内（不包括港澳台）向消费者发货。根据违规情节，官方会做违规扣分处罚。

扩展资料2-1
常见违规
及违禁词

（11）出售假冒盗版商品。抖音平台对售卖假冒和盗版商品"零容忍"，如商家出现出售假冒和盗版商品行为，情节严重者将被移送司法机关。

2.3 抖音直播间的流量来源

抖音直播间的流量来源有多种，每种流量来源都各具特点。要做好抖音直播带货，必须了解各流量渠道的优缺点，充分挖掘各种流量来源渠道，从而优化直播效果。

2.3.1 抖音直播间的三类流量

抖音直播间流量来源可分为直播自然推荐流量、付费流量、其他流量三大类。

视频2-2
抖音直播间的
三类流量

1. 直播自然推荐流量

直播自然推荐流量是指系统根据直播间标签和运营情况，免费推送到直播间的流量，包含推荐feed、直播广场、同城feed等。自然推荐流量的获取和转化是提升全场ROI的关键。

2. 付费流量

付费流量是通过各个付费渠道投放引流进直播间的流量。付费渠道主要包含巨量千川PC端极速推广版和专业推广版、巨量千川抖音端小店随心推和其他商业化采买渠道。

3. 其他流量

其他流量是指除了直播自然推荐流量和付费流量以外的流量，这部分流量包含多种渠道流量，具体如下：

（1）短视频流量，即从主播的短视频进入直播间的流量。

（2）关注tab，即通过粉丝关注列表进入直播间的流量。

（3）订单中心，即在"订单中心"的"猜你喜欢"入口进入直播间的流量。

（4）搜索，即通过搜索页"用户卡片"、搜索页"直播卡片"、搜索页面"直播预览"进入直播间的流量。

（5）个人主页，即通过个人主页点进直播间的流量。

（6）其他，即通过转发、他人列表、红包、福袋等渠道进入直播间的流量。

2.3.2 抖音直播间三类流量的特点

抖音直播间的三类流量各有特点，作为直播间的运营人员，需要充分了解各类流量的优缺点，有针对性地提升各渠道流量。

1. 直播自然推荐流量的特点

优点：免费且量级大，遵循抖音直播间赛马机制推送流量、好货优先原则。

缺点：人群较泛，精准用户少。

2. 付费流量的特点

优点：根据需求购买流量，客户精准；流量来得快，可以提升直播间销售效果。

缺点：量级有限；要花钱；有门槛，对产品利润率有要求。

3. 其他流量的特点

（1）短视频流量。

优点：直播标配，短视频流量可以增加直播人气和被推荐概率；天花板高，一条视频火爆就能带来大量的流量；有杠杆，可以撬动其他流量；能带来精准客户。

缺点：需要一个短视频团队来做，会增加人员成本。

（2）关注tab、订单中心、搜索、个人主页。

优点：这几类人群精准度高、意向度高，有明确的购买意图或对主播已经形成了基础信任度，可以提高直播间转化率。

缺点：流量较少，不稳定。

（3）其他流量。

优点：通过转发、他人列表、红包、福袋等进入直播间的流量成本低，可以快速形成一波极速流量。

缺点：流量较泛，大部分是为了福利或红包，客单价较低。

2.4 抖音直播间的构成

抖音直播间团队一般由直播间团队、短视频团队、店铺团队构成，不同团队需要配备不同的岗位人员。另外，直播间的货品组合非常重要，要有福利款、主推款、利润款、形象款等。抖音直播间搭建需要考虑空间、背景、灯光、设备、道具，不同直播间配备的标准也不一样。要想打造优质的抖音直播间，必须优先考虑直播间人员的构成、货品组合和场景构成。

2.4.1 人员构成

一个完整的抖音直播团队应包含三个职能部门，分别是直播间团队、短视频团队和店铺团队（图2-6）。每个团队都需要发挥不可或缺的职能，团队之间的工作安排合理性会影响其工作效率和实际效果。

视频2-3 直播间人员构成及岗位职责

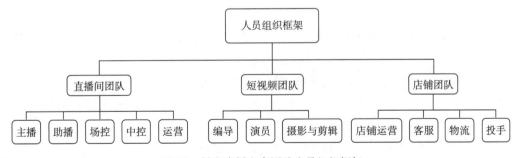

图2-6 抖音直播电商团队人员组织框架

直播间可以按照新手期、发展期、成熟期配备相应的工作人员，前期可一人兼多职，后期需一职配多人，打造成熟团队。

1. 直播间团队

直播间团队是信息输出单位，工作岗位包括主播、助播、场控、中控、运营，如图2-7所示。

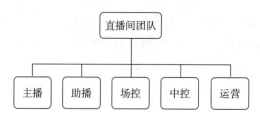

图2-7 直播间团队人员组织框架

（1）主播岗位职责。

① 负责公司抖音平台店铺的直播。

② 通过直播，展示产品并促成观众购买。

③ 梳理并明确直播流程，参与直播选款、内容策划，不断优化与提升直播内容；与粉丝良好互动，活跃直播间氛围，提供搭配建议；粉丝答疑、促销讲解，增加粉丝数量及黏性。

④ 积极参与短视频内容创作，高质量完成拍摄工作。

（2）助播岗位职责。

① 直播前按照计划进行播品排序、过款产品布置、促单道具准备。

② 直播中进行节奏辅助，如针对观众关于商品卖点、尺码等问题解答等。

③ 直播间规则说明及操作辅助，如规则说明、领取优惠券、下单支付操作指导、执行抽奖操作等。

④ 直播后完成播品归位，参与直播复盘，不断优化与提升直播质量。

⑤ 配合主播、摄影团队完成规定内容短视频的制作。

（3）场控岗位职责。

① 负责公司旗下直播间直播氛围营造（开播前团队动员、过程的互动衔接等）。

② 直播中过款节奏把控。

③ 负责和主播之间的有效互动，避免产生直播声音留白、冷场。

（4）中控岗位职责。

① 负责链接操作。配合直播节奏上、下架产品，配合直播节奏进行产品价格的调整，配合直播节奏调整产品的库存。

② 负责活动操作。优惠券发放和福袋等福利的设置与调整等。

③ 参与直播中气氛的活跃与维护，对主播的实时提问要快速反应及回复，防止冷场。

④ 统计当日直播数据，反馈直播间中奖信息和名单。

（5）运营岗位职责。

① 负责旗下直播间直播前、直播中和直播后所有相关工作的统筹与安排。

② 负责直播内容策划、货品规划、产品卖点、直播脚本、话术、直播间灯光设备优化等牵头协调。

③ 负责直播复盘机制的确立，汇总分析每场直播数据，研究客户画像，进行客户售后、仓储等相关工作衔接。

④ 负责直播团队搭建、优化及赋能培养。

2. 短视频团队

短视频团队是辅助单位，工作岗位包括编导、演员、拍摄与剪辑，如图2-8所示。

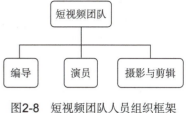

图2-8 短视频团队人员组织框架

（1）编导岗位工作职责。

① 负责抖音账号的人设构建及内容规划，制定账号阶段性运营方向及计划。

② 负责短视频文案编写，包括但不限于选题、内容脚本、分镜，并负责跟进拍摄和后期工作。

③ 负责直播前预热视频的脚本策划，对直播间引流效果负责。

④ 与投手配合，根据每日投放素材数据进行分析，跟踪后续转化效果，持续优化并提升巨量千川广告的投放效果。

（2）演员岗位工作职责。

① 负责抖音品牌自播号的人设演绎，听从编导安排参与短视频出演。

② 参与短视频策划筹备，提供相关创意内容，细化脚本，研究镜头表达方式。

③ 负责维护粉丝，增加粉丝黏度及数量。

（3）拍摄与剪辑岗位工作职责。

① 熟悉抖音的热门玩法，熟练运用各种软件及设备独立完成视频前期拍摄、后期剪辑、合成、特效等制作。

② 了解并研究热点视频的拍摄与剪辑技巧，根据视频脚本或文案的意图，把控视频逻辑及剪辑节奏。

③ 按时、高效地完成视频剪辑、压缩等后期工作，保证视频的质量。

3. 店铺团队

店铺团队是后勤保障单位，工作岗位包括店铺运营、客服、物流、投手等，如图2-9所示。

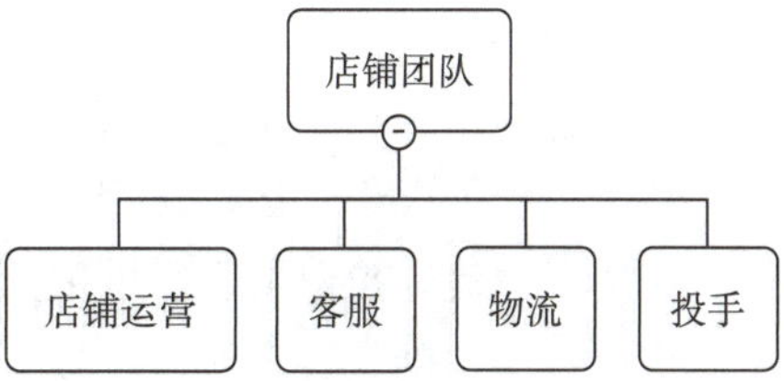

（1）店铺运营岗位职责。

① 负责抖音小店运营及日常管理工作，如活动提报、链接管理、商品上下架、客服、仓配对接等，落实执行营销要求。

② 负责平台营销活动公司内各部门的协调，做好各方面配合工作；和设计对接，优化链接。

图2-9 店铺团队人员组织框架

（2）客服岗位职责。

① 负责售前介绍品牌、产品、价格等，促进交易。

② 负责处理客户下单后、收货前遇到的各种问题。

③ 负责处理客户收货后遇到的各种问题。

④ 负责店铺消费感受（DSR）评分维护，对店铺服务体验评分负责。

（3）物流岗位职责。

① 负责店铺成交货品的正常收、发货，保证货品正常流通。

② 控制仓库及物流各环节的预算及成本，减少非正常损耗和浪费。
③ 及时处理配送、运输过程中的突发情况。
④ 掌控工厂（仓库）发货、到货时间，并随时掌握仓库库存量。
⑤ 对店铺物流体验评分负责。

（4）投手岗位职责。
① 独立负责抖音广告的投放，对投放效果进行数据分析并不断优化。
② 负责日常数据总结和复盘，承担ROI。
③ 理解抖音平台调性，通过对数据及同行的分析，为视频内容提供优化建议。
④ 积极主动与官方运营沟通，了解平台投放风向，具有很好的数据敏感性，对大盘流量的变动有很强的预感，为公司直播间投放做规划。

扩展资料2-2
团队绩效考核

2.4.2 货品组合

直播间流量利用效率决定了推流速度，货品组合就是直播间的排兵布阵。抖音直播间货品组合有福利款、主推款、利润款和形象款四类（图2-10）。每类货品在直播间起到的作用都不可或缺。

图2-10　抖音直播间货品组合

1. 福利款

福利款是用于吸引用户停留、互动的产品。

特点：价值大于价格，使用人群广。

作用：引流、拉停留、密度成交、拉权重。

重点：与主推款客户群体一致，福利不是低价。

2. 主推款

主推款是直播间主要讲解成交的产品。

特点：有历史销量数据（市场热卖爆款）、价格适中、利润低。

作用：承接流量、拉升商品交易总额（GMV）。

重点：正常直播的重中之重，主要成交商品，与福利款客户群体一致。

3. 利润款

利润款是直播间中利润率略高的产品，可提升整体收益。

特点：相对利润高，有独特系列风格。

作用：冲高GMV，提高利润。

重点：与主推款互补，有强关联性。

4. 形象款

形象款是提升直播间整体形象的产品。

特点：高品质、高调性、高价格，是与主推款类似的升级产品。

作用：提升直播间整体形象，用于和其他商品对比，增强主推款、利润款的高性价比。

重点：不做主要成交。

货品组合的合理性是提高直播间流量利用效率的重要手段。货品组合应遵循"一二七"原则：

（1）福利款在直播间中的数量占比为10%。

（2）主推款+利润款在直播间中的数量占比为20%。

（3）形象款在直播间中的数量占比为70%。

2.4.3 场景构成

直播间场景是除主播之外，用户可以直接感受到的元素之一，直播间场景是影响直播间流量的第一道门槛。搭建一个优秀的直播间，需要从空间、背景、灯光、直播设备、直播道具五个方面着手，每个方面都不可或缺。不同类型的直播间的布局、直播形式有非常大的差异。

1. 空间

直播空间可分为室内和室外两种，直播间的场地规划也应区分室内直播场地和室外直播场地两种情况。

（1）室内直播场地的规划。常见的室内直播场地有办公室、会议室、直播室、工作室、线下门店、住所等。室内直播场地的规划应注意以下事项：

① 空间适宜。室内直播场地应大小适宜，场地面积根据直播的内容进行调整。个人直播的场地面积一般为8~15平方米，团队直播的场地面积一般为20~40平方米。如果是美妆类直播，选择10平方米左右的小场地即可；如果是穿搭、服装类的直播，一般选择15平方米以上的场地。直播场地的层高一般为2.3~2.5米，保证既能给顶光灯留下足够的空间，又不会因为层高过高导致环境光发散、话筒不易收音的问题。此外，直播商品较多时，还要为待播商品以及桌椅、黑板等道具和其他工作人员预留空间。

② 环境安静。室内直播场地的隔音效果要好，避免噪声干扰；需要有较好的收音效果，避免在直播中产生回音。隔音效果不好或回音太大，都会影响直播的正常进行。不同类型的直播间空间面积、布局有很大差异。

③ 光线充足。室内直播场地的自然光要充足，保证直播的真实感和美观度。如果直播场地较封闭，就需要借助灯光设备补充光源，以提升直播画面的视觉效果。

（2）室外直播场地的规划。室外直播的类型非常丰富，包括酷玩、乡野、垂钓、旅行、汽车、萌宠等。就电商直播而言，常见的室外直播场地有商品室外场地（如田间地头、蔬果种植园、茶园）、室外打包场所、露天集市等。室外直播一般适合直播体积较大或规模较大的商品，或用于展示货源采购现场，如现场采摘农产品、商品在室外被现场打包发货、在集市现场挑选海鲜等。当电商直播带货选择室外直播场地作为直播间时，直播团队需要注意以下几点：

① 天气因素。室外直播一般选择晴朗的天气开播，同时要做好应对下雨、刮风等恶劣天气的防范措施。为了避免在直播中遭遇恶劣天气而导致直播延期，直播团队可设计室内直播备用方案。

② 场地范围。室外直播需要限制室外场地的范围，便于主播将更多的精力放在商品讲解和与用户的互动上。

③ 场地环境。室外场地的环境要整洁，让用户在观看直播时保持舒畅的心情。特别是对画面美观度要求较高的室外直播，更应保证场地的美观。无论是哪种室外直播，直播场地中都不宜出现过多的围观人群或闲置车辆。

2. 背景

用户进入直播间后，一眼就能看到直播场景，从而产生对直播间的第一印象。因此，直播间背景布置，应保证背景的类型、风格与直播商品或主播的个人气质相契合。

常见的直播间背景有以下几种类型：

（1）纯色背景。纯色背景（图2-11）是一种非常简单的背景，颜色一般以浅色为主，常用墙纸或幕布搭建，带给用户自然的观看感受。需要注意的是，纯色背景的颜色一般不选用白色，因为白色背景不利于灯光布置。纯色背景常见于服装类直播间。

（2）品牌Logo背景。品牌Logo背景是指用品牌Logo布置直播间的背景（图2-12）。这类背景的特点是直观简洁，可以增强品牌效应，适用于多种直播场景。

图2-11　纯色背景

图2-12　品牌Logo背景

（3）商品摆放背景。商品摆放背景（图2-13）一般是将商品置于展示柜进行展示，具有较强的营销目的，是一种十分常见的直播间背景类型。在这类背景中，商品的展示数量根据展示柜的大小而定，但是从用户的观看感受出发，商品数量还是以少为佳。

（4）特色背景。特色背景的应用需要挖掘商品的特色，在背景中融入与直播主题或直播商品相关的特色元素。例如，海鲜类直播，背景墙融入了斗笠和鱼篓等元素，凸显了捕鱼人家的特色风情，如图2-14所示。

图2-13 商品摆放背景

图2-14 特色背景

3. 灯光

灯光是影响直播画面质量的十分重要的环境因素。良好的灯光布置可以提升主播形象，清晰、真实地展现商品和品牌的亮点，为用户呈现优质的直播效果。

按照灯光的作用，直播间常用的灯光可分为主光、辅光、背景光和轮廓光（顶光）等类型（图2-15）。不同类型的灯光可以搭配同一型号的灯，摆放在不同的位置，调整为不同的亮度、色温等，从而创造出不同的光线效果。

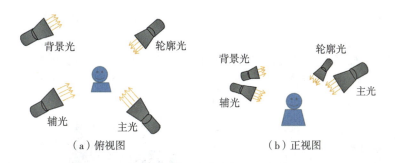

图2-15 直播间常用灯光类型图解

（1）主光。主光是直播间的基本光源。在直播过程中，主光通常由柔光灯箱发出，光线比较均匀，主要用于照亮拍摄对象（人或物品）的轮廓，并突出其主要特征。当采用主光进行拍摄时，拍摄器材通常位于主光正后方或者两侧的位置。直播间的主光灯一般选择中性色的LED灯，LED灯的功率一般根据直播间的大小而定。

（2）辅光。辅光也称为辅助光，其作用是照亮主光没有照射到的拍摄对象的阴影部分，使用户能够看清楚拍摄对象的全貌。辅光灯通常放在主光灯两侧。在使用辅光时，要注意避免光线太暗和太亮的情况，且光线不能强于主光，以免影响主光正常的光线效果。主光与辅光之间有一个最佳光比，这个比例可以通过反复试验来获得。

（3）背景光。背景光是用于照射背景的光线，主要用于渲染环境，加强氛围效果。明暗不同的背景光可以表达出不同的情绪，颜色不同的背景光可以传递出不同的感觉，宽大或细窄的背景光可以表现不同的氛围。

（4）轮廓光和顶光。轮廓光又称侧逆光，通常用于分离人物与人物、人物与背景，以此增强视频画面的空间感。轮廓光通常采用直射光，一般从主播的侧后方照射，勾勒出主播清晰的轮廓。

顶光和轮廓光作用类似。顶光从主播头顶上方的位置照射，距离主播一般不超过2米。顶光可以给背景和地面增加照明，同时有利于突出主播的轮廓，起到瘦脸的作用。

4. 直播设备

直播活动离不开直播设备的支持，直播设备的性能直接影响直播内容的输出效果，从而影响用户的视觉和听觉感受。直播团队要想带给用户良好的观看直播与购物的体验，应遵循实用、好用的原则选择直播设备。

（1）手机。目前，手机是一种非常方便的直播带货设备，不仅拍摄方便、操作智能、占用空间小，而且适用于室内直播和室外直播。但由于手机会受到电池电量、防抖功能、降噪功能等因素的影响，直播团队还需要配置其他辅助设备。

主播在手机中安装直播软件后，通过手机摄像头即可进行直播。主播在使用手机直播的过程中，经常需要两部手机交替使用，一部手机用来直播，另一部手机用来查看用户的留言和评论，以便及时与用户互动。

手机直播对手机的CPU和摄像头的性能要求较高。用于直播的手机，其CPU的运行内存应不低于4GB，摄像头不低于1200万像素。目前，市面上2000元以上的手机一般都能满足主播直播的需求。主播在选择手机时也可参考一些专业网站，然后根据自己的需求和预算来做决定。在直播开始之前，主播要保证手机电量充足，并避免电话或无关信息的打扰。

（2）支架。主播在用手机直播的过程中难以长时间保持手持手机的姿势，且手持带来的抖动也会影响用户的观看体验，因此主播需配置支架来保证拍摄效果和画面稳定。支架是用于固定手机的设备，有很多不同的类型，但用于直播的支架主要有自拍杆式支架和三脚架式支架两种。

① 自拍杆式支架是一种能进行正脚固定的支架，利用自拍杆底部的脚架固定手机，然后使用自拍杆的遥拉器操作手机。图2-16为自拍杆式手机支架，这种固定支架比较适合个人主播在简单的直播中使用。

② 三脚架式支架是一种能够固定手机的支架（图2-17），可以更换顶部的支架型号，支持固定话筒、平板电脑、摄像机等设备。多机位三脚架式支架能够装备多个设备或多部手机，可用于多部手机的多机位视频直播。

图2-16　自拍杆式手机支架

（3）补光灯。补光灯用于在光线不足的情况下为直播提供辅助光线，以得到较好的光线效果。补光灯大多使用LED灯泡，具有光效率高、寿命长、抗震能力强和节能环保等特点。补光灯通常使用脚架来固定位置，或者直接安装在手机上，以便随时为拍摄对象补充光线。直播中常用的补光灯主要包括柔光箱（球）与环形灯（图2-18）。室内直播需要补充自然光时，可以优先选择柔光箱（球）来模拟太阳光对拍摄对象进行补光。如果要拍摄人脸近景或特写，或者需要在晚上拍摄，则可以选择环形灯，以掩饰人物的肤色瑕疵，达到美颜的效果。

图2-17　三脚架式支架　　　　　　　　图2-18　常用的补光灯

（4）其他辅助设备。在满足基本直播需求的基础上，主播也可以对直播设备进行升级，添加其他辅助设备，以满足特定直播场景或环境的需求，提升直播效果。

①　移动电源。一场直播的持续时间往往较长，对手机电池电量的需求较高，因此移动电源是辅助手机直播的必要设备。主播一般可以选择便携的移动充电宝，在手机电池电量下降至50%左右时应及时充电。在实际的直播中，主播可对手机满电状态下电量的使用进行测试，了解手机电池电量维持正常直播的时间，以确定是否使用移动充电宝及计划充电时间。

②　无线网络。稳定的网络是直播的必备条件，网络速度会影响直播画面的质量和直播的流畅度。如果是室内直播且连接的设备较少，那么目前大多数无线网络配置都能满足直播需求。如果发现当前的无线网络不能满足直播需求，就要对无线网络配置进行升级。如果是室外直播，当无线网络的信号无法覆盖直播场地或信号不稳定时，可以使用移动4G或5G网络，通常直播1小时要消耗300~500MB流量。因此，使用移动4G或5G网络的主播需要选择合适的流量套餐，一般可以支付月租的方式购买不限速网络套餐或流量卡。

③　话筒。除了视频画面外，音质也是影响直播效果的重要因素。因此，主播可选择一款较专业的话筒，以提高直播的音质。

目前，手机直播中使用的主流话筒是电容话筒。电容话筒的收音能力较强，能够采集更多的声音细节，使声音更有层次，更加饱满、圆润。电容话筒适合在安静的环境下使用，为了防止产生爆音和噪声，使用时可以为其安装防喷罩。主播一般可以选择价格200~1000元、电压为48伏的电容话筒。不同价格的电容话筒，其声音采集的范围及声音传输的稳定性会有一定的区别。主播在购买电容话筒时，也可配套购买话筒支架、独立声卡等。主播如果要配置独立声卡，还应注意查看话筒是否支持连接独立声卡。

手机直播也可使用无线领夹式话筒。无线领夹式话筒的特点是体积小，兼容性好，方便携带，不仅可以单独放在桌子上，还可以夹在衣服上，便于主播在直播讲解时自由移动。

④ 独立声卡。独立声卡是用于收音和增强声音的设备，可以解决大多数手机在直播过程中无法同时开启直播软件和音乐播放器软件的问题。使用声卡播放背景音乐或掌声、笑声等伴奏，可以达到更好的效果，也可以有效活跃直播间的气氛。

目前，支持手机直播的独立声卡一般至少有四个接口，可连接一部用于直播的手机、一部用于播放背景音乐或特效声音的手机、一个话筒和一个耳机。多于四个接口的独立声卡，可连接一部用于直播的手机、一部用于播放伴奏的手机、两个话筒、一个耳机，或连接多部手机、多个话筒和多个耳机。图2-19为独立声卡与其他设备的模拟连接示意图。

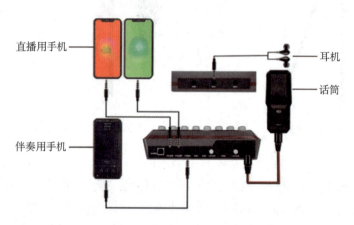

图2-19　独立声卡与其他设备的模拟连接示意图

⑤ 耳机。耳机用于让主播在直播时监听自己的声音，从而更好地控制自己的音调、分辨伴奏等。用于手机直播的耳机一般有入耳式耳机和头戴式耳机两种类型。其中，入耳式耳机比较小巧美观，多数主播在直播时会选择使用这种耳机。头戴式耳机适合游戏、音乐、聊天类直播使用，不适合电商直播使用。需要注意的是，使用入耳式耳机进行直播时，音量不宜过大，否则耳机使用时间过长可能会影响听力。主播可选购一款质量稍好的入耳式耳机，价格100～200元。耳机的连接线建议稍长一些，一般2～3米，以便主播有更大的活动空间。另外，主播在直播时可尝试使用蓝牙无线耳机。蓝牙无线耳机使用起来更加便利，但其稳定性、接收效果一般没有有线耳机好，主播可根据自己的直播需求决定是否使用。

⑥ 计算机。计算机可用于手机直播中的数据收集与分析、脚本设计、修图、剪辑视频等，也可以配合高清摄像头、摄像机搭配直播伴侣进行PC端直播。主播可根据需求选择台式计算机或笔记本电脑。

5. 直播道具

利用直播道具能够有效提升直播间氛围，达到更高、更好的转化率。直播间使用的提示牌、小黑板、计算器、秒表等道具是非常实用的。

（1）提示牌。直播间手举/粘贴提示牌具有提示功能，可以有效吸引用户停留，从而提升直播间的营销氛围。提示牌可分为气氛牌、提示牌、尺码牌等。

（2）小黑板。小黑板在带货直播间里是一个非常有用的小道具，可以更加清晰地写出产品卖点、当日福利等信息，减轻主播和客服的压力。

（3）计算器。很多主播在带货的时候，如果遇到赠品特别多的产品，就会拿出计算器一顿操作，一边算一边嘴里还说着"我来替你们算笔账，看看今天在我直播间买有多划算"。主播应选择那种带声音的计算器，用计算器的按键声来刺激消费者，促成下单。

（4）秒表。秒表是一种非常有用但是很容易被忽略的直播间神器，主播一般会用它来营造一种紧迫感。

本章总结

抖音电商被阐释为"兴趣电商"，依托抖音大数据算法的精准匹配功能预测每个用户的喜好与行为，通过内容激发用户购物兴趣，达成交易。

抖音直播的底层逻辑：直播间的流量层级、直播间的考核机制、直播间的规则红线。

抖音直播间的三大流量来源：自然推荐流量、付费流量、其他流量。

抖音直播间的主要构成：人员构成、货品组合和场景构成。

抖音直播间团队一般由直播间团队、短视频团队、店铺团队构成。

直播间的货品组合非常重要，主要有福利款、主推款、利润款、形象款等。

直播间搭建要考虑空间、背景、灯光、设备、道具等。

2.5 上机练习

2.5.1 上机练习一 抖音直播间分析

1. 训练的技能点

（1）对信息的收集能力。

（2）对抖音直播间的分析能力。

2. 需求说明

收集抖音平台三种不同类型的直播间，借助数据分析软件"婵妈妈""抖查查"等，对三个直播间账号的信息及数据进行统计，并对三个账号的类型、所处的流量层级进行分析，形成对比文档。

2.5.2　上机练习二　带货直播间构成分析

1. 训练的技能点

（1）信息收集的能力。

（2）对抖音带货直播间构成的认知。

2. 需求说明

搜集抖音"服装类"带货直播间，从团队构成、货品组合、场景构成三方面对一个直播间进行剖析，统计该直播间团队构成、货品组合、场景构成三方面的情况，并形成文档。

2.6　巩固练习

2.6.1　填空题

1. 抖音直播间的考核机制——赛马机制是指_____。
2. 抖音直播间的主要三大流量来源是_____、_____、_____。
3. 抖音直播间的规则红线主要包含_____、_____、_____、_____、_____、_____、_____、_____、_____、_____。
4. 直播间货品分为_____、_____、_____、_____四类。
5. 直播间场景搭建包含_____、_____、_____、_____、_____五个方面。

2.6.2　选择题

1. 以下（　　）不属于赛马机制的特点。
   A. 同级别的直播间才会赛马
   B. 长时间考不好，可以通过换号重新开始
   C. 每一场直播都是一场考试
   D. 长时间考不好，可以通过一次高分重回赛马场
2. 以下角色中，不属于直播团队的是（　　）。
   A. 主播　　　　　B. 运营　　　　　C. 编导　　　　　D. 中控
3. 以下关于货品类型的说法错误的是（　　）。
   A. 福利款是用于吸引用户停留互动的产品
   B. 主推款是直播间主要讲解成交的产品
   C. 利润款是直播间中利润率略高的商品，能提升整体收益

D. 形象款是提升直播间整体利润的产品

4. 灯光是影响直播画面质量十分重要的环境因素，直播间的灯光可分为主光、辅光、顶光和（　　）等类型。

　　A. 白光　　　　　B. 黄光　　　　　C. 自然光　　　D. 轮廓光

5. 以下（　　）不属于抖音直播团队的主要构成团队。

　　A. 运营团队　　　B. 直播团队　　　C. 短视频团队　　D. 店铺团队

第3章

从0到1搭建直播间

本章主要介绍从0到1直播带货每个环节具体实施的细节,包括人设定位、团队构建、寻找货源、货品分析、场景搭建等方面,让读者对开展抖音直播带货的流程及操作有一个清晰的认知。

通过本章学习,读者可以清楚地知道如何从0到1搭建直播间。

课前预习

开通抖音直播权限,并回答下列问题:
(1)开通直播权限都主要有哪些渠道?需要具备哪些条件?
(2)不同的直播权限有哪些不同之处?

3.1 做好账号定位

直播带货,最重要的岗位是主播和运营。要想做好直播带货,首先要做好账号定位。账号定位又分为角色定位和运营定位。角色定位是为了打造主播IP人设,让用户快速记住主播,从而产生信任。运营定位是为了明确直播目标、确定直播流程,以达到预期的直播效果。

3.1.1 角色定位

主播是直播团队的核心人物,在直播领域,那些为大众所熟知的主播无一例外都有自己鲜明且独特的人设。

1. 打造主播人设

人设,即人物的设定,是识别主播的符号。主播通过打造人设可以让自身的定位更加鲜明、立体,有助于加深用户印象。在当下的电商直播时代,人设鲜明独特、定位准确的主播往往自带流量。

打造人设是主播直播带货的先决条件,具体如下:

(1)直播商品越来越同质化,好的人设可以增加商品的附加值。

(2)人设能够吸引趣味相投的粉丝,实现精准"吸粉"。

(3)好的人设有助于建立和深化主播与粉丝间的信任关系,这些利好因素都是促进直播商品转化的"催化剂"。

2. 构思打造主播人设的方向

构思打造主播人设的方向对主播的人设定位具有指导意义,打造主播人设的方向一般有以下三个:

(1)泛娱乐达人。主播通过展示才艺,如唱歌、跳舞或拍摄短视频等方式,建立独特的个人形象,进而打造泛娱乐达人的主播人设。泛娱乐达人的人设需要传递出鲜明的印象和独特的魅力,如利用头套、衣服等道具,打造个性IP形象(图3-1);凭借"包租公""包租婆"的形象打造积极乐观、幽默风趣的人设。

(2)专业达人。专业达人是指基于自己的兴趣爱好、特长、专业等来打造的主播人设。例如,美妆教程达人,其直播内容以美妆教学、妆发教程和护肤教程为主。专业达人的人设能够给主播贴上鲜明的标签。人设定位越清晰,"吸粉"越精准。

(3)专家学者。专家学者一般是基于自己的职业形成的人设定位。专家学者的人设较容易获得粉丝的信任和认

图3-1 利用头套打造标志性形象

可，但这一人设的设立门槛较高，对主播的专业能力要求也较高。例如，某大学教授以专家的身份打造了自己的人设，她在直播中针对当代男女情感问题、症状，通过直接的话语表达，给在恋爱、家庭、婚姻中遇到困难的青年男女支着儿，收获无数粉丝。

扩展资料3-1
主播人设方向

视频3-1
打造主播
人设的技巧

3. 打造主播人设的技巧

主播可以通过我是谁、目标用户是谁、提供什么、解决什么问题四个维度（表3-1）准确、快速地打造自己的独特人设。

表3-1　四个维度打造主播人设案例

维度	说明
我是谁	原生电商商家，在使用直播平台进行商品推广和销售之前就已在电商平台进行商品销售；人物形象定位干练、商务、悠闲，与牛排、红酒类商品匹配
目标用户是谁	目标用户群体以男性用户为主，男性用户是牛排购买的主力军
提供什么	该抖音电商达人有自己的商品品牌、渠道品牌及商品供应链，利用这些优势可以更好地控制商品成本和价格，"把价格降下来"成为其核心的标签，即使跨界销售鞋包、服饰、手表等品类的商品，仍能坚持"好货低价"的模式
解决什么问题	牛排和红酒类商品具有一定的社交属性，能够满足部分男性用户的需求

（1）我是谁。在打造主播人设时，首先应明确身份，如创业者、职场人士、乐器爱好者等；然后要确定形象，增强识别性，如擅长美妆就可将形象确定为美妆博主。总的来看，主播身上的闪光点往往就是主播人设定位的突破口。

（2）目标用户是谁。在进行主播人设定位时，应充分考虑人设面向的目标用户群体，这样才能"投其所好"，打造出有针对性的人设。明确目标用户群体时，主播需了解用户的性别、年龄、性格、受教育程度、收入水平、消费能力等。

（3）提供什么。提供什么，即内容的价值输出，如提供低价好货、分享生活技能等。

（4）解决什么问题。解决什么问题可以是为用户提供平时购买同类商品无法得到的效果，满足用户的痛点需求，如"穿这条裤子非常显瘦"。

除了以上四个维度，还可以通过五个细节增强主播人设。五个细节分别是价值体系、镜头感、语言风格、情绪、耐心。用好这五个细节（表3-2），会让主播人设更加丰满，加强用户对于主播的印象。

表3-2　五个细节打造主播人设案例

细节	说明
价值体系	主播的价值观输出体系，如"理性消费"
镜头感	让用户产生面对面交流的感受，主播可对着镜子练习自己的镜头感
语言风格	形成自己的语言风格，如某主播的口头禅"太好看了吧！"几乎在其每次直播中都会出现，让人印象深刻

（续表）

细节	说明
情绪	语调高低起伏、自然切换，音量稍大，语速稍快，简洁地说出商品的基本属性和优点，用饱满的情绪表达直播内容，用良好的状态和热情感染用户
耐心	在讲解商品的过程中，耐心地解答用户的问题

4. 设置凸显主播人设的账号

（1）账号组成。账号是主播人设定位的直观表现，设置账号是开启直播的第一步。不同直播平台的账号设置板块略有差异，但基本都包含账号名称、账号头像和头图、账号简介以及置顶视频等，如图3-2所示。

① 账号名称。个人账号的名称应与人设定位相匹配，体现个人特色，便于理解、记忆和传播，如"牛肉哥""丽江石榴哥""虎哥说车"等。部分有一定知名度的主播，其个人账号会使用自己的真实名字。企业账号可以直接使用企业名或店铺名，如"××服饰""××旗舰店"，或者使用能体现商品特色的名称。

② 账号头像和头图。个人账号头像一般使用真人照片，企业账号头像一般使用企业的商

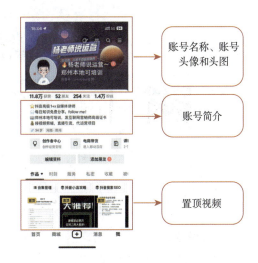

图3-2　账号主页设置板块说明

标图案或品牌标志。账号头图是指头像上方的背景图片，一般使用真人照片或场景图，也可展示主播特长、联系方式等信息。需要注意的是，账号头像和头图应与账号定位保持统一的风格，而且要避免图片模糊不清。

③ 账号简介。账户简介应通过简洁的内容告诉用户该账号所定位的领域，展示个人特色。

④ 置顶视频。置顶视频是账号主页视频列表中置于顶部的视频，可以是拍摄的短视频，也可以是往期直播片段的剪辑。视频内容最好能体现主播的人设，同时视频的点赞数应较高。

（2）设置抖音账号的方法。新用户在通过短视频等内容对主播产生兴趣后，可能会进入主播的账号主页，查看其账号信息及观看置顶视频，形成对主播的基本印象，从而确定是否关注该主播。因此，对主播，尤其是新手主播来说，设置凸显人设的账号非常重要。新手主播如果无法设置出满意的账号名称和账号简介，可以查看同行热门的账号，借鉴优秀主播设置账号名称和账号简介的方法。

以设置抖音账号为例，介绍设置账号的方法，其具体操作如下。

抖音头像设置（图3-3）：

① 进入抖音App主界面，点击右下角的"我"按钮，然后点击"编辑资料"按钮。

② 进入"编辑资料"界面，点击头像，在弹出的界面中选择"相册选择"选项。

③ 从相册中选择一张图片作为头像，点击"确认"按钮。

④进入"裁剪"界面，裁剪图片，完成后点击"完成"按钮。

图3-3 抖音头像设置方法

抖音个人资料编辑（图3-4）：

① 设置好头像后，再次进入"编辑资料"界面，点击"名字"，进入"修改名字"界面，输入账号名称后点击"保存"按钮。

② 返回"编辑资料"界面，点击"简介"，进入"修改简介"界面，输入账号简介后点击"保存"按钮。

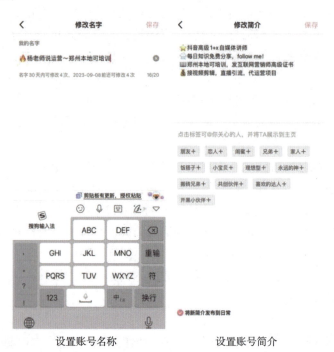

图3-4 抖音个人资料编辑方法

抖音头图设置：返回"我"界面，在顶部点击默认头图，从相册中选择一张图片作为头图，其设置方法与设置头像相同。

抖音置顶视频设置（图3-5）：

① 在"我"界面的作品列表中选择需要置顶的视频，在打开的界面中点击"..."按钮。

② 在下方展开的视频设置面板中点击"置顶"按钮，完成视频置顶的设置。

展开视频设置面板

视频置顶

账号主页效果

图3-5 抖音置顶视频设置方法

3.1.2 运营定位

在整场电商直播中，消费者直接接触到的对象是主播，所以很多人认为直播就是主播直播带货的整个过程。其实不然，完整的电商直播流程通常包括明确直播目标、明确主播的选择、制订直播方案、做好直播宣传规划、实时跟进直播活动和复盘直播等。所有工作流程的主要责任人是直播运营人员，所以抖音直播电商运营人员需要具备操纵全盘的能力，对结果负责。

1. 明确直播目标

明确直播目标有助于个人或企业有目的、有针对性地策划、开展直播活动。明确直播目标需要将目标具体化，考虑目标的可行性和可操作性，这就需要个人或企业在明确直播目标时对直播商品与目标消费者进行分析，量化目标并明确目标完成的时间。

（1）直播商品分析。不同商品品类在直播平台上的畅销程度不同、受众不同，因而商品品类及其属性（如款式、价格等）会对直播目标产生一定的影响。在从商品层面考虑想要达成的直播目标时，如果是首次直播，可以通过横向对比同类型、同等级主播的直播效果来确定自己的直播目标；如果不是首次直播，则可以用上次直播的数据作为基准，设置直播目标。例如，上一次直播的数据是3万名消费者参与，则本次直播可将目标设定为吸引5万名消费者参与。另外，主播在直播时会根据商品的不同特性采用不同的讲解方法。

因此，为了实现预期的直播目标，直播团队需要根据商品特性提炼出商品的优势与卖点，并通过主播进行巧妙的介绍和演示。

（2）目标消费者分析。直播的目标消费者包括主播已有的粉丝（私域流量）和直播平台上的消费者（公域流量）两种类型。为了留住目标消费者，实现预期目标，个人或企业需要对目标消费者的年龄层次、消费能力、直播观看时间段、利益诉求等进行分析。

① 年龄层次。年龄层次指目标消费者的年龄段。不同年龄段的消费者有不同的个性特征和语言风格等，通过分析目标消费者的年龄段，个人或企业可以有针对性地设计直播互动和引导策略。例如，对于较年轻的消费者，个人或企业可以通过在直播间营造热闹的气氛来调动消费者的情绪，或通过促销折扣、礼品赠送等方式配合主播的引导话术，刺激消费者的购买欲望。需要注意的是，主播应设计符合年轻消费者偏好的互动方式和引导话术。

② 消费能力。不同年龄段的目标消费者有不同的消费能力，而目标消费者的消费能力不仅影响其购买能力，还影响商品的定价区间。通常，消费能力强的消费者愿意为观看直播投入的时间、精力会相对较少，愿意投入的金钱会相对较多；而消费能力偏弱的消费者，往往会在货比三家之后做出购买决策。"低价好货"策略在此时会发挥巨大的作用。

③ 直播观看时间段。直播观看时间段的选择直接影响观看直播的人数与直播的效果。也就是说，主播应选择目标消费者观看直播的高峰期进行直播。

④ 利益诉求。目标消费者观看直播一般都具有目的性，期望观看直播后有所收获，如获得快乐的心情、高性价比的商品等。

（3）目标量化。个人或企业通过对直播商品和目标消费者进行分析，可以制定出可行性和可操作性较强的直播目标；在明确了直播目标后，个人或企业还需要将直播目标设定为可量化的指标，这将有利于推动直播的开展，便于衡量直播的效果。例如，某企业预计通过一场直播达成销售额突破600万元的目标，那么这600万元便是此次直播目标的量化指标，若销售额未达到600万元，则没有达成目标。又如，某企业预计通过一场直播吸引6000名粉丝，这6000名粉丝便是此次直播目标的量化指标。

（4）明确目标达成时间。直播目标达成时间的设立有两个作用：一是为了方便编制预算；二是为了提高效率，督促相关负责人尽量在计划时间内达成目标。目标的达成时间需要个人或企业根据直播内容的多少、参与项目人员的数量等来确定。

① 直播内容的多少。直播内容的多少关系着直播活动工作量的大小：直播内容多，工作量较大，所花费的时间和精力就相对较多；直播内容少，工作量就会相对较小，所花费的时间和精力也相对更少。例如，"MG小象"的直播中有时会增设服装走秀环节，这就涉及走秀场景搭建等工作，从而增加了工作量。

② 参与项目人员的数量。参与项目人员的数量关系直播的效率：人员充足，则直播效率更高，目标的达成时间就会缩短；反之，时间则会延长。因此，直播团队在安排人员时要注意参与人数是否满足直播任务的需要，以及人员分工是否合理。

2. 明确主播的选择

对商家而言，主播的选择是直播策划中十分重要的一环，商家应根据直播目标来选择主播。商家选择主播有两种情况：一种是由商家内部人员担任主播或商家自己招聘主播，另一种是选择外部专业主播。

商家内部人员（如导购）担任主播的优点是内部人员更加了解直播商品的特性，缺点是内部人员比较欠缺主播的专业能力和直播带货的经验。内部人员担任主播一般适用于高频次、常态化直播的商家，这样可实现多人替换持续直播。

如果商家选择与外部专业主播合作，则时间、资金成本的投入相对较大，同时商家需要根据预期的直播目标找到符合要求的主播。下面主要介绍商家选择主播的第二种情况。

（1）商家与外部专业主播的合作方式。商家与外部专业主播的合作方式主要有两种，即专场直播和拼场混播。

① 专场直播。在专场直播中，主播只针对商家的品牌进行直播销售，入驻主播直播间的商品数量一般没有限制。专场直播的时间越久，佣金（一般占商品销售额的20%左右）和坑位费（服务费）等费用就越高，但对商家来讲，专场直播的营销效果往往也更加显著。

② 拼场混播。拼场混播指在同一场直播中，主播按一定的顺序对多个商家的商品进行推广销售。主播一天直播一场，如果直播时长为5~6小时，直播间上架50~60个不同商家的商品，那么每个商家的商品讲解时间为5~7分钟，商家应根据主播对商品的讲解时间付费。相较于专场直播，拼场混播的成本更低，如果选择的主播比较符合商家的要求，也可以产生很好的营销效果。此外，商家可通过多场拼场混播来与不同的主播合作，通过直播效果对比确定更适合自己的主播，并与之建立长期合作关系。

（2）了解主播信息。商家可借助直播数据分析工具来了解主播信息，如飞瓜数据、蝉妈妈等。这些工具的使用方法类似，部分功能需要付费开通后才能使用。

3. 制订直播方案

制订直播方案不仅有助于商家梳理直播思路，还能让参与直播的人员熟悉直播活动的流程。直播方案一般在直播参与人员内部使用，内容应简明扼要、直达主题。一般来说，直播方案主要包括直播目标、直播简述、人员分工、时间节点、预算估计等内容。

（1）直播目标。直播方案首先应说明这场直播需要实现的目标，如"店铺秋装新品上市，通过此次直播获得5万元以上的销售额""本场直播完成24小时后，新增粉丝3000人以上"。

（2）直播简述。对本场直播的整体思路进行简要描述，说明直播形式（如商家自播、邀请知名人物进行专场直播或与达人主播合作等）、直播平台（如抖音）、直播主题（如"8月11日晚21：00直播首秀"等）。

（3）人员分工。明确各直播参与人员的职责，大型直播可对人员进行分组，如文案编辑组、道具组、摄制组等，每组都应设置相关负责人负责工作对接等。

（4）时间节点。明确直播的各个时间节点，包括直播前期筹备时间、直播预热时间、直播开始时间、直播结束时间等，以便实时跟进直播活动。

（5）预算估计。预算估计是指对整场直播的成本进行预算，如商家自播，添加话筒与专业声卡等设备，预计400元；直播红包派送，预计400元；直播参与人员工资，预计800元；等等。对直播各环节进行预算估计，便于商家合理控制成本。

例如，某零食公司为进一步推广主打商品柠檬泡椒无骨凤爪，准备与抖音平台上的

××主播进行合作，该公司最多可提供1.5万份现货商品，每份35元。某零食公司无骨凤爪与主播合作直播卖货方案主题内容案例见表3-3。

表3-3　某零食公司无骨凤爪与主播合作直播卖货方案主题内容案例

方案项目	说明
直播目标	本场直播至少卖出1万份柠檬泡椒无骨凤爪
直播简述	直播形式：商品入驻××主播的直播间； 直播平台：抖音； 直播主题：无
人员分工	宣传人员：A、B； 商品链接管理人员：C； 其他人员：无
时间节点	15—18日与××主播及相关人员讨论商品卖点、促销形式，20日晚开始直播
预算估计	坑位费：15万元； 佣金：销售额的20%，约7万元； 无骨凤爪系列大礼包5份：300元； 总计：约22.03万元

4. 做好直播宣传规划

直播宣传就是直播预热，其作用是扩大直播的声势，提前为直播引流。

（1）直播预热方式。直播预热的方式有很多，具体形式和效果不一，下面介绍三种常见的直播预热方式。

① 在个人简介中发布直播预告。主播在开播前，提前将直播预告更新到个人简介中，包括直播时间、直播主题等，以便用户通过个人简介得知直播信息。个人简介中的直播预告通常以简洁的文字形式出现，如"5月8日13点直播，好物狂欢购"。这种直播预热方式适合有一定粉丝基础的主播。

② 发布直播预告短视频。直播预告短视频是指以短视频的形式告知用户直播时间、直播主题和直播内容。对于粉丝，主播可以直接发布纯直播预告，简明扼要地告知直播的相关信息；若要吸引新用户，主播可以在短视频中告知直播福利或设置悬念等。

③ 站外直播预热。站外直播预热指主播在企业网站、微博、微信等第三方平台上进行直播预热。商家通过第三方平台进行直播预热能够进一步扩大直播预热的范围。

（2）直播预热策略。进行直播预热时需搭配一定的策略，以达到更好的营销效果。下面介绍两种常见的直播预热策略。

① 发放直播专享福利。商家在直播预热中提前告知直播中会发放的专享福利，以吸引更多的用户观看直播。例如，在预告中告知用户赠品的数量、折扣的力度、福利的类型和获得条件等。

② 直播PK。直播PK是指不同直播间的主播约定在同一时间进行连线挑战的一种增流方式。商家在直播预热中将直播PK的信息告知用户，不仅可以增加直播的趣味性，还可以扩大直播的影响力。

5. 实时跟进直播活动

做好直播活动的前期准备工作，并不意味着一劳永逸。在正式开播之后，直播团队还应实时跟进直播活动，以便及时应对突发状况，使直播活动顺利进行，直至圆满结束。实时跟进直播活动主要有以下三个方面的内容：

（1）渠道监测。在正式开播之后，直播团队应将直播链接分享到各个平台，使用户可以通过不同渠道顺利进入直播间。

（2）直播间维护。在直播过程中，可能会遇到突发状况，直播团队要密切注意直播间的状况，维护直播间的秩序。例如，关注直播间内用户提出的问题，协助主播为用户解惑答疑。当主播的直播节奏出现问题时，直播团队成员应及时提醒。

（3）直播活动结束后的用户维护。直播活动结束后的用户维护是为了提升用户的消费体验，主要工作包括及时公布中奖名单并与中奖者取得联系，及时查看直播活动的订单处理、奖品发放等情况。

6. 直播复盘

直播复盘是整场直播活动的最后一个流程，是指在直播结束后，分析整个直播过程，总结相关经验。直播团队在复盘时，需要思考直播过程中遇到的问题、选品是否成功、需要优化的环节等，以积累相关经验并形成标准化的执行流程，从而全面提升直播环节的执行效率以及直播间的知名度和影响力。

（1）直播脚本设计。直播脚本是影响直播活动的关键因素之一。直播脚本的作用是提前规划直播内容和活动，梳理直播流程，把控直播节奏，使直播活动按照直播团队预想的方向有序进行。简而言之，直播脚本可以使主播及直播团队的其他成员明确一场直播的时长，以及自己需要在直播过程中完成的工作，同时明确直播活动的具体流程、活动计划、活动力度等。就电商直播而言，直播脚本一般包含整场直播脚本和单品直播脚本两种类型。

① 整场直播脚本的设计。直播方案是对直播流程的整体规划，而整场直播脚本则是对直播方案的执行规划，整场直播脚本的针对性更强，是对直播流程和内容的细致说明，可以让直播团队各岗位人员明确岗位职责、实现默契配合。它通常以表格的形式呈现，其主要内容见表3-4。

表3-4　正常直播脚本设计

直播脚本要素	内容说明
直播时间	明确直播开始到结束的时间，如2021年5月26日15：00—19：00
直播地点	××直播室
直播主题	明确直播主题，使粉丝了解直播信息，如"××品牌秋装新品上市特卖会""××文具旗舰店开学大乐购"
商品数量	注明商品的数量
主播介绍	介绍主播的名字

（续表）

直播脚本要素	内容说明
人员分工	明确直播参与人员的职责，如主播负责讲解商品，演示商品功能，引导粉丝关注、下单等；助理负责协助主播与粉丝互动、回复粉丝问题等；场控、客服负责商品上下架、修改商品价格、发货与售后等
预告文案	撰写直播预告文案，如"时尚秋装上新，锁定××直播间，××特卖会等您来选购"
注意事项	说明直播的注意事项： （1）丰富互动玩法，提高粉丝活跃度，提升粉丝数量； （2）直播讲解节奏：单品讲解+回复粉丝问题+互动； （3）直播讲解占比：商品讲解60%+回复粉丝问题30%+互动10%； （4）不同的商品契合不同的应用场景； （5）多讲解××系列新品
直播流程	直播流程应规划详细的时间节点，并说明开场预热、商品讲解、粉丝互动、结束预告等时间节点的具体内容

② 单品直播脚本的设计。单品直播脚本是基于单个商品的脚本，对应整场直播脚本的"商品推荐"部分。单品直播脚本是围绕商品来撰写的，其核心是突出商品卖点。以服装为例，其单品直播脚本设计可以围绕服装的尺码、面料、颜色、款式、细节特点、适用场景、搭配方法等进行说明。

单品直播脚本一般以表格的形式呈现，包含商品介绍、品牌介绍、粉丝互动、引导转化等要素。表3-5为某款服装商品的单品直播脚本示例。

表3-5　某款服装商品的单品直播脚本示例

直播脚本要素	内容说明
商品介绍	介绍商品属性，突出商品卖点。例如，这套A品牌的丝绒套装是今年很流行的风格，兼顾了时尚和舒适感，丝绒与羊毛相结合，穿起来真的好暖和。再来看看套装的裤子，同样采用高品质的丝绒和羊毛，到了秋冬季节，有了这条裤子就不用穿秋裤了，而且裤腰是一个加宽腰带的弹力设计，所以穿起来不勒不紧，非常舒服。另外，这套丝绒套装不仅可以当作休闲装来穿，还可以当作运动装来穿，在运动、做家务时，肢体伸展也非常方便（做伸展动作）
品牌介绍	对于A品牌，相信大家都听说过，它的服装设计理念是内敛、高贵、时尚、年轻。A品牌至今已有×年历史了，虽然它是一个轻奢品牌，但价格很亲民，性价比很高。其他轻奢品牌的套装卖6000~7000元，但是这套丝绒套装标价是2999元
粉丝互动	关注主播并分享直播链接参与抽奖，新增关注数达到2000人开始抽奖，后续每新增关注数200人会派发红包一次
引导转化	这套丝绒套装的标价是2999元，在直播间你们猜是多少钱？只要499元。惊不惊喜，意不意外？再加100元，你们就可以把两套带回家了。A品牌的丝绒套装，599元2套。大家准备好了吗？倒数3个数开拍，先到先得，限量600套，3，2，1，上链接……

3.2 如何科学选品

抖音电商直播的核心是卖货,所以科学选品是非常重要的。选择商品时,不仅要充分考虑商品的价格、质量等因素,还要考虑商品属性、主播IP人设和粉丝需求,以便提升商品转化率和口碑分数。

扩展资料3-2
直播脚本

3.2.1 直播间选品的基础逻辑

正所谓七分选品三分运营,选择质量好、有潜力的商品,对接优质供应链,拿到合适的价格,是前期选品的关键。

1. 选品对直播间的重要性

货品的选择对直播间起着关键作用,货品是直播带货的第一切入点,货品是否有吸引力是客户是否能下单的首要因素。在电商带货直播间,"人、货、场"的高度匹配至关重要,提高直播间人和货的匹配度,主要采取两种策略:一是人不动换货(图3-6),二是货不动换人(图3-7)。

视频3-2
直播间选品的
基础逻辑

```
人不动换货 ──【人=主播】→选择与主播匹配的货品
            └─【人=人群】→选择与人群匹配的货品

货不动换人 ──【货=货品】→选择与货品匹配的主播
            └─【货=货品】→选择与货品匹配的人群
```

图3-6 人不动换货关系图　　　　图3-7 货不动换人关系图

人不动换货策略中的人分别指主播和受众人群。在主播固定的情况下选择与主播高度匹配的货品,在人群(粉丝画像)固定的情况下选择与人群高度匹配的货品。

货不动换人策略中的货指现有货品。在货品固定的情况下选择与货品高度匹配的主播,吸引符合货品消费群体的精准人群。

没有卖不出去的货品,之所以没有卖出去是因为没有找到喜欢货品的人。

2. 选品原则之围绕定位选品

围绕定位选品是指围绕账号的定位进行商品的选择(图3-8),该原则普遍适用于新手商家。对于刚入行的商家而言,在自身定位清晰之后,选品需要与自身定位相匹配,通过精准的选品让系统逐渐推送精准用户,从而提升转化率,获取更多流量。

视频3-3
选品原则之围
绕定位选品

账号可从价格、风格、类目和客户四个方面进行定位,然后围绕账号定位选择符合定位的价格区间、产品风格、产品类目和产品客户的产品。

不同的货品对应的受众人群可能存在差异,定位跨度过大的产品组合,可能导致客户定位模糊混乱。

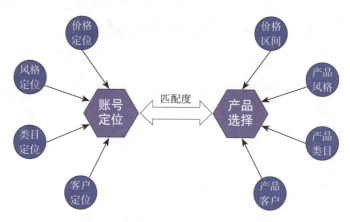

图3-8　围绕定位选品

3. 选品原则之围绕粉丝选品

围绕粉丝选品是指围绕粉丝的属性进行商品的筛选（图3-9），该原则普遍适用于具备一定基础的账号。当账号有一定的粉丝量或者卖出爆品之后，在方向上可依据粉丝的属性及往期爆品的属性进行选品，以实现产品与用户的精准匹配，从而提升转化率。

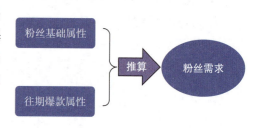

图3-9　围绕粉丝选品

粉丝的基础属性可从年龄、性别、人群（如都市蓝领、小镇青年、小镇中老年、GenZ人群、都市银发、资深中产、新锐白领、精致妈妈等）等方面进行分析，推算现有粉丝需求。

往期爆款属性可从风格、颜色、样式、功能等方面进行分析，推算现有粉丝需求。

成型账号围绕粉丝需求选择货品。

4. 选品原则之围绕主播选品

围绕主播选品是指围绕主播个人特性进行商品的选择，该原则普遍适用于达人类主播。达人类主播的成长较依赖于粉丝的黏性，所以在选品中会围绕主播自身的特性进行，从而增强用户的信任度。不同的主播能驾驭的产品和吸引的粉丝有很大差异。

选品要注意货品与主播的匹配度，主播的社会身份、形象气质、年龄、性别等特性与货品能否成交息息相关。以出镜类主播为例，主播吸引粉丝的特性占比如图3-10所示。

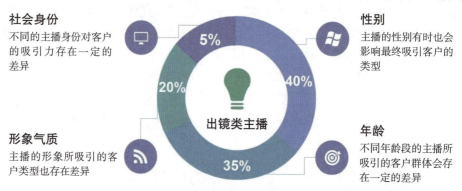

图3-10　主播吸引粉丝的特性占比

3.2.2 直播间商品定价策略

对于直播带货来说,商品的价格设置是重中之重。卖货追求的是利润,设置合适的价格是关键,所以掌握商品定价公式是直播运营者必备的技能。

1. 商品的定价公式

抖音直播带货是一门生意,做生意就要有一本财务账。除了商品品类之外,商品成本也是决定生意能否进行下去的关键因素。

(1)商品的运营成本包含产品成本、运费成本、售后成本、场地成本、人力成本、平台扣点等,如图3-11所示。

图3-11 商品的运营成本元素解析

售后成本包含退换货所产生的物流费、货品损坏、丢失等成本,该成本是很多新手容易忽略的成本。

抖音平台扣点是有效成交金额的5%,个别类目平台扣点是有效成交金额的6%。

(2)利润率计算公式如下:

$$利润率 = \frac{售价 - 运营成本}{售价} \times 100\% \qquad (3-1)$$

不同类目利润率有一定的差异,一般建议利润率不低于35%;主推款可以通过降低利润率提升性价比。

(3)售价计算公式如下:

$$售价 = \frac{运营成本}{1 - 利润率} \qquad (3-2)$$

【例3-1】 商品成本50元,运费4元,在不考虑其他成本的情况下,利润率打算控制在40%左右,售价计算如下:

$$售价 = \frac{(50+4)}{(1-0.4)} = \frac{54}{0.6} = 90(元)$$

因此,定价可为89元(涉及定价策略,后面讲)。

2. 商品的定价策略

前面讲了直播间商品的类型和排品策略，对于不同类型的商品，应采取不同的定价策略。

（1）价格锚点策略。价格锚点策略即根据其他商品的价格来设定所推荐商品的价格。对于用户来说，如果其不确定当前商品是否划算，通常会对比类似商品的价格。例如，有3款同类商品，且3款商品有3种不同价格，用户一般倾向于选择价格居中的商品。因为对于最便宜的商品，用户会担心其质量不好或性能不高；对于最贵的商品，用户会觉得其性价比不高，若购买就"吃亏"了。

（2）要素对比策略。用户购买一个价格更高的商品，往往会考虑各种因素。因此，若直播团队设定更高的价格，就需要为用户提供一个直观的关键要素对比表。例如，对于手机、计算机、生活电器产品，直播团队可以提供硬件配置对比表；对于服饰类产品，直播团队可以提供用料对比图、工艺对比图等。当用户看到差异时，就会倾向于购买更好的那款商品。

（3）非整数定价策略。非整数定价策略即直播团队设定的商品价格以9或8结尾，而不是以0结尾。非整数价格，对用户有以下三个方面的心理影响：

① 非整数价格会让用户觉得这种价格经过精确计算。
② 非整数价格与整数价格的实际差别不大，却给人一种便宜很多的感觉。
③ 很多用户在看到商品价格时并不会认真去思考，多是瞄一眼，就进入是否购买的决策环节。

（4）阶梯定价策略。阶梯定价策略即用户每增加一定的购买量，商品的价格就降低一个档次。采用这种定价策略，可以吸引用户增加购买数量。阶梯定价策略适用于食品、小件商品和快消品。

商品价格不是一成不变的，直播团队需要时刻分析市场动态，根据市场变化及时调整商品价格。

3.3 如何搭建场景

直播带货最重要的三个元素就是人、货、场。人指主播，货指供应链，场指场景化，即打造优质直播间场景。对于不同的直播方式，直播间搭建需求不同，所用到的设备也不同。

3.3.1 直播方式分类

抖音直播一般分为站播、坐播、走播、仓播等直播方式（图3-12）。每种直播方式对直播间空间、背景、灯光、设备的要求和使用都有明显的差异。

（a）站播　　　　（b）坐播　　　　（c）仓播　　　　（d）走播

图3-12　直播方式示例

1. 站播

站播直播间的空间布局如图3-13所示。

场地面积：建议20~30平方米及以上。

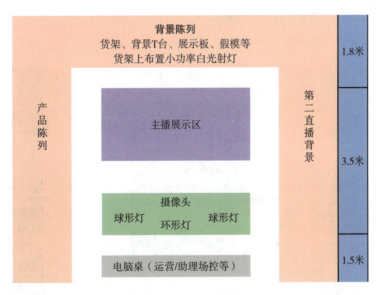

图3-13　站播直播间的空间布局图

适合类目：服装、家纺、家居、箱包等。

背景：货架、背景T台、展示板、假模等。运用货架时建议布置小功率背光白光灯。产品陈列区及第二直播背景可以让直播间更丰富。

直播设备：摄像设备建议使用1080像素以上摄像头+竖屏直播大屏+小蜜蜂收音器。

灯光：整体光线柔和均匀，画面光比小，整体透亮。灯光布局方法如图3-14所示。

图3-14（a）适用于直播间纵深感比较弱的场景，直播间前后距离小。图3-14（b）适用于直播间纵深感一般的场景，主播身后有关键信息，如品牌海报。图3-14（c）适用于直播间纵深感比较强的场景，主播身后有较大空间但没有关键信息。图3-14（d）适用于直播间纵深感比较强的场景，且主播身后有关键信息，如品牌海报服、商品货架等。

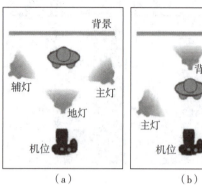

图3-14　灯光布局

如果有走到镜头前进行产品细节展示的环节，需要再配置一盏灯对镜头前的区域进行单独照明，以保证能在直播画面上呈现出完整的产品细节。

2. 坐播

坐播直播间的空间布局如图3-15所示。

场地面积：建议10~20平方米。

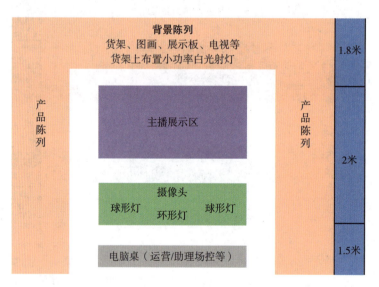

图3-15　坐播直播间的空间布局

适合类目：美食、美妆、珠宝、玩具等。

背景：货架、图画、展示板、电视等。使用货架时建议布置小功率背光白光灯。

主播展示区：配备主播使用方便的桌椅，避免因桌椅问题长时间坐播而影响主播状态。

摄像设备：建议使用前置摄像头1080像素以上的手机或1080像素以上的摄像头。

3. 走播

场地面积：200平方米以上。

适合类目：汽车、家装、景点、酒店等。

摄像设备：摄像头1080像素以上的手机+手持稳定器+移动电源。

灯光：可移动灯光+移动电源。

主播在大型商场、批发城、大卖场等线下市场，一边逛一边直播，向消费者推荐货品的模式（我逛你买）被业内称为"走播"。这种动态的直播形式相比传统的图片展示产品，更直观、更细致，互动性更强，兼具直观体验和娱乐性质，更能唤醒消费者购买的欲望。

4. 仓播

场地面积：200平方米以上。

适合类目：日用百货、生活用品、服饰鞋包等。

摄像设备：摄像头1080像素以上的手机（相机）+手持稳定器+移动电源。

灯光：可移动灯光+移动电源。

仓播是指在仓库内的直播。仓播通过直播带货，从仓库直接发货来打通供需两端，缩减物流环节，从而降低成本，消费者也可以从中获得更多优惠。在"人、货、场"的转变中，仓播让商品从强供应链过渡到去中间商，缩短了购买决策链，提高了效率。

3.3.2 直播间场景搭建及准备

直播间场景是"人、货、场"三要素之一，不同商品、不同主播、不同直播间定位对直播场景的要求也不同。选择合适的直播场景，是直播运营人员的基本功。

1. 空间布置

（1）服装、鞋靴门店直播环境布置建议。图3-16为服装直播间场景搭建示例。

① 衣架必备，建议挂满当天直播销售用的服装。

② 绒布或北欧风格地毯，根据所售服装风格准备。

③ 圆形或方形展示台为真人模特展示服装准备。

④ 服装假人模特可适当放置1~2个。

（2）护肤彩妆门店直播环境布置建议。图3-17为化妆品直播间示例。

图3-16 服装直播间场景搭建示例

图3-17 化妆品直播间示例

① 准备专用直播桌，直播时间长建议坐播。
② 站播建议直接站在化妆品展柜前。
③ 直播区域建议选择展示柜前。
④ 使用低靠背主播椅，要考虑长时间坐姿舒适度。

2. 灯光布置

（1）直播灯光布置指导原则。
① 直播灯光和背景墙颜色匹配，壁纸不宜花哨。
② 白色墙面容易出现曝光，灯光不要直射墙面。
③ 建议直播背景墙颜色为浅灰色或浅棕色，以突出主播。
④ 灯光建议按照墙角度和照人角度设置。
⑤ 灯光若过于昏暗，质感展示不出来，留不住顾客。
⑥ 主播脸部光线均匀，不能出现阴阳脸。

（2）直播灯光种类。直播所用补光灯是相对专业的设备，与日常照明灯光有所区别，大多数支持色温及亮度的调节。在选购补光灯的时候，应尽量选择色温值可调范围较大的，产品介绍中会有相关说明，如3000~8000K的色温调节。此外，还要注意亮度的调节，支持0~100%的无极调光，适用于各种不同类型的场景。

直播灯可分为LED环形灯、平板型补光灯、带柔光灯箱灯罩的补光灯、蛋格直播灯、LED氛围灯等。

① LED环形灯。LED环形灯，俗称光管、日光灯管，其采用LED作为发光体。LED环形灯有桌面款和落地款（图3-18），配有支持多机位的手机支架，可以调节光线的色温和亮度。其优势是性价比高，可以作为主光对主播进行美颜。

② 平板型补光灯。平板型补光灯是一种便携式的小型补光灯（图3-19），适用于户外或者小空间范围的补光。这种平板型补光灯使用可充电锂电池供电，支持色温和亮度调节，配有热靴接口，可以搭配安装在手机支架或者单反相机等设备上使用，也可以安装在落地支架上，其他功能与便携式的差不多。这种产品可以作为主光或者侧光使用。

图3-18　LED环形灯

图3-19　平板型补光灯

③带柔光灯箱灯罩的补光灯。直播常用LED灯+柔光灯箱+灯架的组合套装（图3-20），LED灯搭配这些配件，可以让光线更加均匀，打光效果更好。一般的柔光灯箱有方形、深口形、灯笼形等形状，其中灯笼形的柔光灯箱也称柔光球。

④蛋格直播灯。蛋格直播灯是在LED灯+柔光灯箱+灯架的基础上加装了蛋格（图3-21）。蛋格可以很好地控制光线的方向，让灯光不向四周反射出去，只照亮主体，提升打光质感。

图3-20　带柔光灯箱灯罩的补光灯

图3-21　蛋格直播灯

⑤LED氛围灯。LED氛围灯通常用于背景打光，以丰富直播间色彩、提升直播间整体氛围，通常用于有质感、氛围感的直播间，如图3-22所示。

（3）直播间灯光布置搭配建议。

①半身直播。半身直播时，主播面前往往会摆放一些直播商品，这个时候可以选择桌面补光灯，如LED环形灯；侧面可以选择落地的平板型补光灯，或者LED补光灯+柔光灯箱+落地支架的组合套装。

②全身直播。全身直播时，所需要的设备相对全面一些。主光一般可以使用落地大尺寸的LED环形灯，或者圆形面板型补光灯、平板型补光灯，也可以使用LED补光灯+柔光灯箱+落地支架的组合套装。侧光和主光类似，顶光可以用柔光灯箱，而逆光可以用反

光板或LED氛围灯。

不同直播间灯光的使用方法各不相同，在布置灯光时，要根据场景进行不同灯光搭配组合，以达到最佳的效果。

图3-22　LED氛围灯

本章总结

直播电商团队中主播和运营人员是团队的核心人员，准备从事直播电商工作的人员应从这两个职位开始学习。

科学合理地选择商品，并对直播间商品进行技巧性的组合非常重要。商品的定价决定生意能否进行下去。

抖音直播一般分为站播、坐播、走播、仓播等直播方式。直播场景需要根据货品品类、主播人设定位和直播方式等需求调整直播场地面积、空间布局、灯光布局、设备类型的安排使用。

3.4　上机练习

3.4.1　上机练习一　定位自己的主播人设

1. 训练的技能点

（1）对定位主播人设的认知能力。

（2）知识点实操运用的能力。

2. 需求说明

设想自己要从事服装类的带货主播工作，结合自身实际情况，对自己进行人设定位，并在自己的抖音账号上进行资料的修改，保存资料修改截图。

3.4.2 上机练习二　策划直播带货实施方案

1. 训练的技能点

（1）知识点实操运用的能力。

（2）对直播间从0到1搭建流程的掌握。

2. 需求说明

设想自己到"梦舒雅女装厂"应聘运营岗位，厂家需要你提供一个针对春秋季女装的抖音直播带货项目实施方案，请根据本节所学知识，从团队组建、货品筛选、场景搭建三个方面设计实施方案，并形成文档。

3.5　巩固练习

3.5.1 填空题

1. 完善的抖音直播间由_____、_____和_____构成。

2. 在带货直播间，"人、货、场"的高度匹配至关重要，提高直播间人和货的匹配度得从两个维度考虑，即_____和_____。

3. 计算一件商品的利润率的公式是_____。

4. 在直播电商团队中，_____和_____是团队的核心人员，准备从事直播电商工作的人员应从这两个职务开始学习。

5. 抖音直播间一般分为_____、_____、_____、_____等直播方式，其中在直播间里的货架前直播，建议使用_____灯光。

3.5.2 选择题（多选）

1. 在直播间选品过程中，人不动换货中的人指（　　）。
   A．主播　　　　B．粉丝　　　　C．直播团队　　D．人群

2. 抖音直播电商新手商家对账号定位时需要进行（　　）。
   A．价格定位　　B．风格定位　　C．类目定位　　D．客户定位

3. 抖音直播电商有一定粉丝基础的账号，在选品的过程中需要分析（　　）。
   A．带货口碑　　B．粉丝的属性
   C．爆款的属性　D．粉丝的数量

4. 在下列选项中，（　　）类目比较适合站播方式。

A．男士腕表　　　　B．儿童玩具　　　　C．女士背包　　　D．汽车

5. 在搭建坐播方式的直播间时，以下说法错误的是（　　）。

A．主播累的时候可以站起来调整一下，但尽量保持与坐播时和镜头一样的距离

B．配备主播使用方便的桌椅，避免因桌椅问题长时间坐播和影响主播状态

C．不管是坐播还是站播，光线整体都要柔和均匀，画面光比小，整体透亮

D．直播间光线有些偏暗的时候，可以根据情况增加柔光灯或者球形补光灯数量

第4章

直播策划与起号

本章主要介绍如何策划一场有价值的直播与起号。每场直播都有其目的、主题、时长、环节、节奏、效果，要想得到较好的直播数据，就必须掌握多种技巧。

通过本章学习，读者可以清楚地知道直播流程、直播策划关键点、直播营销活动设置、直播起号等相关知识。

课前预习

有针对性地研究一个成熟抖音带货直播间，并回答下列问题：

（1）该直播间的直播时间、直播主题是什么？

（2）该直播间讲品顺序是什么？请说明你认为该直播间这样排品的原因。

（3）该直播间使用了哪些互动手法？

4.1 策划直播流程

在开始直播之前有一项重要的工作，就是策划直播流程。我们需要从直播目标、直播类型、直播主题、直播流程及脚本、直播营销活动等方面进行策划，确保直播顺利进行。

4.1.1 直播策划重要性及流程

开播前的直播策划工作是非常重要的，应提前准备直播所需账号、设备、产品，写好直播脚本、讲解话术。只有做好充分的准备，才能确保直播顺利进行。

1. 直播策划的重要性

在进行直播之前，要先做直播策划。直播策划即整场直播的脚本，主播可以通过直播脚本把控整场直播进度。

直播策划的重要性如下：

（1）可以对直播的时长、目标进行设计，让直播节奏按照预期进行，保证直播各个环节顺畅，做到心中有数。

（2）有利于进行高效、有价值的直播前彩排，主播提前熟悉每一个直播环节，减轻紧张和焦虑情绪。

（3）有利于充分合理地安排人员，以免应对意外状况（如断货、黑粉、掉线等）时手忙脚乱。

（4）帮助主播提前熟悉带货产品，对产品卖点进一步体验和挖掘，在直播中做到"心中有货"。

直播策划表（表4-1）能够帮助主播在不熟悉整体直播流程的情况下，对整体直播过程有更清晰、更充分的准备。

表4-1 单场直播策划表

单场直播策划			
直播时间	日期		活动主题
直播时长			直播标题
活动目的			预估效果
直播参与人员			
道具成本			
商品活动			
直播间活动			

2. 直播前准备工作

在开始直播前，根据直播脚本提前准备好直播所需样品、物料、道具、宣传引流素材、直播设备等。

直播前准备工作如下：

（1）准备好直播账号。

① 设置好账号头像、简介、头图等基础信息。

② 制作直播预告短视频，设计直播封面，写好标题和文案。提前1~2天在直播平台预热，直播前1~2小时发短视频提醒。

③ 在其他渠道（如微信、微博、社群、朋友圈等）通知开播时间进行引流。

（2）准备直播道具与素材。

① 整理开播前形象，如化妆、搭配服饰、试镜等。

② 准备直播用BGM（背景音乐）。

③ 准备直播脚本、道具、提示牌。

（3）准备好直播中需要的设备和产品。

① 产品按脚本顺序陈列，检查商家链接。

② 调试直播设备，如灯光、声卡、音响、手机或相机、Wi-Fi等。

③ 检查调整直播间场景，保证场景干净美观。

3. 直播策划流程

一场直播可以分为开场、正式售卖、结束三个阶段，每个阶段都要完成相应的动作，可以使用不同玩法吸引用户、提升数据。电商直播标准化流程见表4-2。

视频4-1
电商直播标准化流程

表4-2 电商直播标准化流程

直播环节	节奏（建议时长）	商品特点	核心玩法	
开场	暖场（5~15分钟）	—	抽奖、福利（约30分钟一次）	互动、提升下单
正式售卖	售卖初期（1小时）	引流款，客单价逐渐增加	轻量级抽奖	刷屏引导、直播间互动引导（如点赞、转发等）
正式售卖	售卖高潮期（1小时）	价格优势最突出、最大众化的潜力爆款，客单价高低结合	完成任务用户抽奖（如转评赞预热视频/下单）、福利款商品秒杀	单流程教学、产品亲身示范（如试用、试吃、做实验等），介绍赠品数量及价值
正式售卖	售卖结尾期（0.5~1小时）	客单价由高转低	免单：从下单用户中抽×名免单；红包：不定时发红包；抽大奖：高客单价热门商品或商品大礼包	神秘嘉宾、重磅嘉宾空降直播间，炒热氛围；品牌方砍价，凸显商品让利幅度大（200元以上，降价空间大的商品）
结束	收尾（5~10分钟）	—	送礼感谢粉丝支持	分析前期下单数据/在线观众画像，安排爆款商品返场

每场直播前应做好直播脚本，明确直播流程、时间安排、直播内容、人员安排等。表4-3为一场120分钟的电商直播流程示例，可供参考。

表4-3 一场120分钟电商直播流程示例

环节顺序	时间安排	直播内容	人员安排
1	16：00—16：10	热场互动（产品预热、抽奖、自我介绍等）	张××（主）
2	16：10—16：40	第一组三个主打款	张××（主）+王××（副）
3	16：40—16：50	第一组宠粉款1~2款	张××（主）+王××（副）
4	16：50—17：00	店铺介绍、活动介绍、抽奖等	张××（主）+王××（副）
5	17：00—17：30	第二组三个主打款	王××（主）+张××（副）
6	17：30—17：40	第二组宠粉款1~2款	王××（主）+张××（副）
7	17：40—17：50	第一组+第二组快速过款	王××（主）+张××（副）

从表4-3中可以看出，本场直播共计2组约10款商品，每款商品预留约10分钟的讲解时间。每款商品在讲解时又可以分为卖点引出、商品介绍、用户评价、促单销售四个环节（表4-4），在直播讲解时可以合理安排讲解内容和节奏，以促进消费者下单。

表4-4 单品讲解流程示例

环节顺序	时间安排（分钟）	主题	内容
1	2	卖点引出	询问直播间观众有无××问题，如敏感肌、油性皮肤等
2	3	商品介绍	产品（提炼出的）主要卖点
3	3	用户评价	淘宝评论区、小红书笔记、知乎反馈、比较客观的评价等
4	2	促单销售	秒杀价格、限时优惠价格等，前×个下单，粉丝团下单送什么

4.1.2 直播目标制定

第3章介绍了做直播之前一定要先明确直播目标，将直播目标量化。在制定直播目标时，通常从停留、转化、转粉、传播四个维度来进行（图4-1）。

扩展资料4-1
直播策划

停留
通过直播间活动的频次和直播活动的召回力度，增加直播间停留时长

转化
通过主播话术、营销活动、粉丝互动等方式，提高直播间的转化率

转粉
通过直播间丰富的玩法，增强转粉的能力

传播
通过特色活动的引入，提升直播间的传播效果

图4-1 直播目标制定的四个维度

1. 直播目标制定的四个维度

（1）停留。停留是指通过直播间活动的频次和直播活动的召回力度，增加用户在直播间的停留时长。在很多达人直播间，经常会出现只做用户停留，不做转化的情况，这种行为一般称为"憋单"，即用福袋、粉丝团福利等活动形式，拉用户停留时长。必须有足够的停留时长才能得到更多与粉丝交流的机会，直播间氛围才能更活跃。

（2）转化。转化是指通过主播话术、营销活动、粉丝互动等方式，提高直播间的转化率。直播带货的目的是卖出更多商品。主播可以从产品展示、主播话术、信任背书、使用场景、用户评价、粉丝互动、优惠活动等方面介绍，从而提升商品转化率。

（3）转粉。转粉是指通过直播间丰富的玩法，增强转粉的能力。转粉量是新直播间的核心目标之一，需要加强主播与粉丝之间的互动。互动、促销、福袋、粉丝团活动等方式可以活跃直播间氛围，让粉丝感受到主播宠粉的态度，从而增加粉丝数量。

（4）传播。传播是指通过特色活动的引入，提升直播间的传播效果。

2. 直播数据目标

直播数据包含观看人次、平均在线人数、互动率、转粉率、场次、日期、直播时长（小时）、当场的PV和UV（页面流量和独立访客）、粉丝流量占比、评论人数占比、在线人数峰值、新增粉丝数等。其中，需要重点关注的数据如下。

（1）观看人次。整场直播观看人流量的大小，代表直播间处于哪个流量层级，观看人次是衡量直播间人气的关键指标。

（2）平均在线人数。平均在线人数直接决定了账号是否具有直播带货的变现能力。通常平均人数达到几百，就具备了带货的基本条件。

（3）平均停留时长。平均停留时长反映了直播内容是否具有吸引力，一般取决于主播的留人能力和选品能力。一般平均停留时长超过2分钟，已是优秀水准。

（4）互动率。互动率反映了主播与用户的互动情况，与主播互动技巧相关，如新粉进入直播间的欢迎语、互动游戏、商品卖点介绍等。

（5）转粉率。转粉率反映了直播间的拉新能力。好的主播能做到5%甚至以上，与主播个人能力、商品、场景都有关系。

3. 电商数据目标

电商数据包含销售额、客单价、成交人数、转化率、粉丝下单占比、UV价值等。其中，需要重点关注的数据如下。

（1）销售额。销售额指整场直播销售总额，实际指拍下订单金额，包含付款和未付款的部分。

（2）客单价。客单价反映直播间顾客的购买水平。产品的定价、销售政策、选品组合等均会影响客单价。客单价计算公式：客单价=下单金额÷下单客户数。

（3）成交人数。成交人数用于评估直播间的流量价值和潜在客户群转化情况。

（4）转化率。转化数用于评估直播的带货效率。通常行业转业率的平均水平在1%左右，好的主播能做到3%甚至以上。

4.1.3 直播主题与营销活动设计

每场直播都应该设计直播主题,以吸引粉丝进入直播间。设计好直播主题后,还要设计合适的营销活动,这样在直播过程中才能更好地提升转化效果。

1. 确定直播活动类型

制定直播目标后,就要确定本场直播的活动类型。直播活动可分为主题活动、大促活动、粉丝场次、事件营销四个类型,如图4-2所示。

主题活动 根据特定的时间、季节、节日等主题策划直播间的活动,如母亲节等

大促活动 平台组织的各种大型促销活动,如618、双十一等

粉丝场次 粉丝节、粉丝回馈日等跟粉丝强相关的场次

事件营销 通过某个热门事件设计的直播间营销类活动,如女足夺冠等

图4-2 直播活动类型

(1)主题活动。根据特定的时间、季节、节日等主题策划直播间的活动,这种主题类型的活动能够帮助主播增加和粉丝之间的黏性。

(2)大促活动。平台组织各种大型促销活动(如618、双十一等)的核心就是转化和销售。大促活动时,消费者已经产生购买意愿,因此商家参加此类活动要做好充分的准备。

(3)粉丝场次。粉丝节、粉丝回馈日等跟粉丝强相关的场次。每个月或者几个月组织一次大型的粉丝活动,建立与粉丝之间的关联,做粉丝回馈日,增强与粉丝之间的黏性。

(4)事件营销。通过某个热门事件设计的直播间营销活动(如女足夺冠、和某个明星同框、某个明星造访等),可以获得大量的流量。

2. 设计直播主题

直播主题是比直播类型更加细化的工作,需要仔细推敲更多细节。确定直播主题后,就要围绕主题准备相应的直播素材。直播主题可分为节日主题、官方主题、店铺主题、大促主题等,如图4-3所示。

节日主题　　官方主题　　店铺主题　　大促主题

主题制定:
日主题:节庆、官方活动、店铺活动;
周主题:上新、折扣、活动、促销;
月主题:开学季、年货节

主题内容:
关注热点:关注度高,吸引的眼球足够多;
善用话题:打造直播话题;
TIP:微博热搜、抖音热搜(正向的)

图4-3 直播主题类型

直播主题的制定，要考虑消费者的喜好及兴趣，消费者关注什么内容、有什么购物需求，这些都可以当作直播主题的灵感来源。直播主题可以根据时间节点或热点内容设计活动主题（如周三特价、开学季活动、明星专场等），提前做好安排，确保每场直播顺利进行。

3. 设定营销活动

在设定营销活动时，借助抖音小店营销工具可以大大提升活动效果。营销工具可以帮助主播增加与用户之间的互动，提升转化效果，有效提高单场直播看播时长、转化率、客单价、增粉率等指标，让主播事半功倍。

营销角色可以分为商家使用、达人使用、商家和达人通用三类。营销工具分类表见表4-5。

表4-5 营销工具分类表

营销角色	营销工具	作用经营场景				
		拉新引流	停留/互动	转化	客单提升	复购
商家使用	商家优惠券hot		√	√	√	√
	限时限量购（秒杀）hot		√	√		
	满减new				√	
	多件优惠new				√	
	定时开售			√		
	定金预售			√		
	拼团	√		√		
	裂变营销	√		√	√	
	拍卖			√		
	赠品new		√			
达人使用	主播券			√	√	√
商家和达人通用	购物红包hot		√	√		
	预告和裂变红包new	√	√			
	超级福袋hot		√			
	达人专属营销new		√	√	√	

下面介绍10个常用的营销工具，具体如下。

（1）商家优惠券。商家优惠券是由商家创建的优惠资产，用于已领取券的用户下单时降低产品的价格的用户营销推广工具，可支持抖音、西瓜及头条等多个端。店铺优惠券共有6个类型，可在不同场景下使用，并可支持商家实现涨粉、提升直播间转化率、提升客单价、拉新等不同诉求。商家优惠券使用范围及优惠形式如下。

① 全店通用：满减、立减、折扣，该店铺全店通用的优惠券。
② 指定商品：满减、立减、折扣，仅指定商品可用的优惠券。

（2）限时限量购（秒杀）。限时限量购（秒杀）是一款店铺营销工具，对商品进行低

价促销。限时限量购（秒杀）的优点：

① 专有皮肤，提升直播间销售氛围。

② 极大地提升单品转化率，提升店铺GMV。

③ 帮助新品销量破零。

（3）满减。满减是以店铺为基本单元，支持用户基于特定范围内的商品享受消费满额后立减的优惠，通过"凑单"或"立减"形式影响用户购买决策（用户针对活动商品购满一定金额后，合并下单可享受满减优惠）。

满减的优点：

① 应用在单商品多件和多商品多件的场景，提高店铺客单价。

② 设置合适的满减金额门槛和适用商品范围可有效提升客户客单价，实现多个商品之间的连带销售或单个商品的销量爆发。

（4）定时开售。定时开售是对未上架商品进行预热，在某一特定时间开始售卖的营销工具。

定时开售的优点：用户可提前预约开售提醒，门槛低，本质上该功能是一种预约提醒，有一定的预热功能。

（5）定金预售。定金预售是一种新的商品销售模式，即商家通过营销中心对某款商品设置定金预售，用户可通过预付一部分定金的方式来预定商品，到时间支付尾款即可完成交易。

定金预售的优点：可以解决库存积压的问题，方便商家控制成本，提前锁定用户需求，抢占先机。

（6）拼团。拼团是一种商家营销工具，即商家设置拼团后，买家可以用优惠价格支付并通过自身分享直播间帮助商家传播。商品总体售卖件数达成要求即可成团。

拼团的优点：

① 用户以低价购买商品，提升转化率。

② 用户购买商品后分享直播间能给商家带来额外流量和转化。

③ 拼团在让利的同时需要设定成团人数目标，商家可以较好地控制成本和ROI。

（7）裂变营销。裂变营销是一种除自然流量、广告引流以外，新的电商直播间引流方式，通过增加直播间互动（优惠券）新玩法，刺激用户进行私域流量分享，给直播间引流，带来增量GMV提升。

（8）主播券。主播券是由达人创建并承担成本的优惠券，精选联盟商家开启营销授权后，带货达人可为相应的货品创建并发放优惠券。

主播券的优点：主播券可以丰富达人营销玩法，主播券的形式和领取用户限制不同，能为主播带来不同的收益，包括但不限于刺激直播间用户关注主播（如仅限我的粉丝可领），刺激带货直播间用户下单成交提升转化率（直减），提升直播间成单客单价（满减），提升直播间互动氛围。

（9）购物红包（抖币）。主播可通过发放抖币（购物红包）来营造直播间的氛围。

购物红包（抖币）的优点：延长用户的停留时长，活跃直播气氛。

（10）福袋。福袋（如超级福袋等）作为一种抖音官方提供的抽奖工具，受到了很多主播的青睐；主播可通过发放实物奖品和观众互动，增加直播间人气，活跃直播间氛围。

福袋的优点：

① 快速增加直播间在线人数，提升看播时长。准备比较诱人的奖品，口播"当在线人数达到××时，会发放福袋，大家可以多多转发直播间"，留住直播间现有用户。当直播间人数接近目标时，发放福袋（留出审核时间）。

② 快速涨粉。配合前一步增加在线人数的福袋发放活动，在设置福袋时，将参与范围设置成"仅粉丝"，所有参加福袋的用户都将一键成为粉丝。

4.2 控制直播节奏

在直播过程中，会出现直播间流量跌宕起伏的情况。从开播到结束，主播需要把控直播节奏，当直播间流量出现高峰和低谷的时候，均要采取措施加以应对。

视频4-2
直播间阶段分析

4.2.1 直播间阶段分析

整场直播一般分为四个阶段，即开场阶段、前场阶段、中场阶段、收官阶段，如图4-4所示。

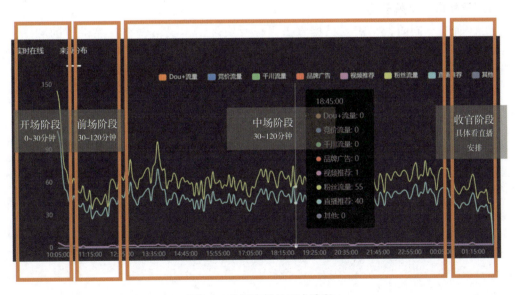

图4-4 整场直播的四个阶段

（1）开场阶段。开场阶段是一场直播的重要阶段。此阶段的主要任务不是转化，而是尽可能长地让消费者留在直播间。

开场阶段的流量非常考验直播间的承接能力，主播需要使用各种方法去拉停留。此阶段的关键目标是在线人数、用户平均停留时长、用户互动率等。

（2）前场阶段。前场阶段的时间可控制在30~120分钟。前场阶段直播重点是在开场阶段留住人之后，尽可能转化，重点关注的是转化率。转化率的提升来自有效排品和活动，福利款和爆款需要安排在前场阶段，让消费者快速下单成交，提高转化率。

（3）中场阶段。下过单的人往往会继续停留在直播间进入中场阶段。中场阶段是完成GMV和提高ROI的重要阶段，是整场直播的核心。

（4）收官阶段。收官阶段的流量已经开始下降，因此需要通过活动或互动拉高直播间的热度，如通过福利返场、新品预售、下一场活动预告等结束整场直播。

4.2.2 直播间节奏把控

每个类目直播间的节奏都是不同的，开场、前场、中场、收官这四个阶段有不同的目标，针对这些不同目标，直播间需要实时调整直播节奏。直播节奏可分为商品排序讲解节奏、活动节奏、投放节奏三个部分，如图4-5所示。

商品排序讲解节奏　　　　活动节奏　　　　投放节奏

图4-5　直播节奏

1. 商品排序讲解节奏

在直播的不同阶段，需要根据直播目标及实际情况灵活调整产品讲解的顺序，如图4-6所示。

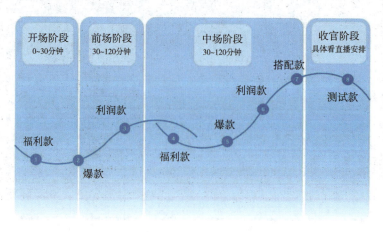

图4-6　整场直播四个阶段的商品排序讲解节奏

（1）商品排序。

① 开场阶段的主要任务是留人。在开场阶段，可通过给粉丝讲解本场直播将上架的商品，快速过款，从而吸引其注意力，让其留在直播间。本阶段使用什么样的商品吸引粉丝停留是重点。

② 在前场阶段，可以挑选热度比较高的商品进行售卖。通过福利款、爆款拉高整体销售的转化率。这个阶段使用什么样的商品更容易让粉丝购买是重点。前场阶段相对高的转化率能给中场阶段带来流量的提升。

③ 中场阶段是漫长的直播过程，需要根据流量变化灵活上架商品。当流量低的时候通过流量商品（福利款、爆款）提升流量，当流量高的时候通过利润商品（利润款、形象款）提高利润。

④ 在收官阶段，可以放入一些测试款、搭配款、形象款等，商品相对灵活。

（2）商品的讲解节奏。

① 福利款。福利款是极具性价比、能够迅速打动粉丝的产品。在讲解福利款商品时，重点是利益点前置（图4-7）。如果价格有优势，就讲价格；如果产品特点有优势，就直接讲解产品特点，强调性价比。快讲快消，不拖拉，给粉丝一个必须现在买的理由。

② 爆款（主推款、热门款）。爆款商品是整场直播的关键，从痛点分析、构建使用场景、提升价值、促销转化等方面重点讲解（图4-8）。讲解速度适中，可在流量稍低的时候，提升一下转化率；或在流量高的时候，冲击更高的流量池。

③ 利润款。利润款是提升整场直播GMV的核心产品。在讲利润款商品时，价值塑造是重点（图4-9）。利润款一般没有性价比优势，可以通过话术塑造产品价值，推荐给精准人群。

福利款	爆款	利润款
极致性价比，好评高，发货快；普适性强；讲解速度：快；价格优先	当季热卖商品，价格比同行有竞争优势，硬通货；讲解速度：适中；卖点强推	价格高，利润大，有明显的价值感受，精准人群喜爱；讲解速度：慢；价值塑造

图4-7 福利款讲解节奏　　图4-8 爆款讲解节奏　　图4-9 利润款讲解节奏

2. 活动节奏

在整场直播的开场、前场、中场、收官这四个阶段，面对流量变化的时候，直播间要做的活动节奏也是不一样的，如图4-10所示。

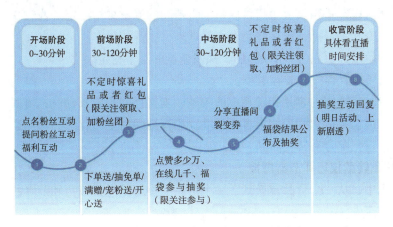

图4-10 整场直播四个阶段的活动节奏

活动分为促进转化和促进互动两种类型：

（1）开场阶段以促进互动为主，可以点名、提问粉丝进行互动。前场阶段的重点是转化，以转化类活动为重点。中场阶段，互动类、转化类活动根据情况灵活运用。收官阶段，可以加快活动频次，增加直播间活跃度并预热下场直播。

（2）当流量低的时候，可以利用福袋、裂变红包等营销工具促进与粉丝互动，提升整体直播间的互动率。

（3）当流量高的时候，直播间用户比较活跃，可以利用优惠券、满减、抽奖、秒杀等营销工具，设计有趣的活动，提升转化率。

3. 投放节奏

整场直播的开场、前场、中场、收官四个阶段的运营目标不同，投放广告的节奏也不同，如图4-11所示。

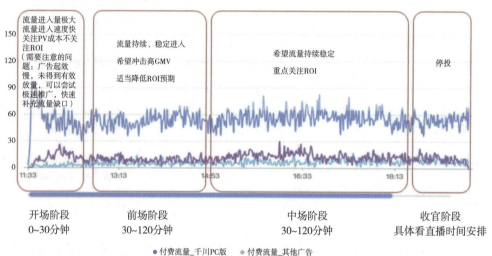

图4-11　整场直播四个阶段的投放节奏

（1）在开场阶段，流量进入速度比较快且量大，此时应关注PV成本，而不关注ROI，开场的投放能帮助直播间快速起量。

（2）在前场阶段，适当投放千川可以帮助直播间的流量维持稳定。若想冲击高GMV，可以投入与转化率相关目标，拉一些精准人群进来，提升转化率。

（3）在中场阶段，重点考核的是ROI，保障流量的基本稳定。

（4）在收官阶段，停投，复盘数据。

直播间流量和直播间内容是相辅相成的关系。当直播间需要互动时，可以通过付费增加易互动人群，但仍要配合相应的内容或活动；当直播间需要转化时，可以通过付费购买可转化的人群流量，配合易转化商品。

4. 直播货品转款技巧和节奏把控

在产品话术中，从一个货品转换到下一个货品的讲解是需要技巧和节奏的，流畅的转款不会造成粉丝流失。

（1）切款换款的三大要点（图4-12）。

① 利益点前置是指在介绍下一个产品时，把产品最有利的优点放在最前面讲解。这样的转款才能让衔接更顺畅，才不会分散用户的注意力，不会因为转款而流失用户。

② 充分的预告是指在讲前面的商品时，对后面商品做预告。例如，我们后面会给大家上什么样的福利、我们后面还有什么样的商品等着大家等。

③ 制造预期是指在前面埋下预期点，让粉丝知道后面会上更好的商品，反复预热，使粉丝形成期待。

图4-12　切款换款的三大要点

（2）切款换款的节奏把控（图4-13）。

① 高人气衔接是指给粉丝设定直播间在线人数目标，达到设定目标进行切款。

② 屏幕提示衔接是指通过工作人员的账号在直播间提出疑问，引出即将切换的产品，带着粉丝在公屏上打出想要的产品，达到一定热度后进行切款。

③ 搭配产品衔接是指通过当前款式带出与该产品强连接的产品，采取买二送一、买三送一、第二件半价等营销手段，带出想要切换的产品。

④ 脚本衔接是指通过脚本设计进行衔接转款。例如，昨天有人向客服咨询××款式，今天再给大家说一下。

图4-13　切款换款的节奏把控

扩展资料4-2
选品、排品、测品

4.3　直播起号

电商直播最重要的阶段在于前期，起号是运营的关键。抖音电商直播的起号方式有很多，如平播起号、福利起号、视频起号、千川起号等。每种起号方法要注意的操作细节不一样，不同直播间需要根据自身特点和数据灵活运用。

4.3.1　直播起号类型

对于新的直播账号，前期起号是非常关键的一步。对于新手主播来说，前期最大的难点就是无论自己如何努力，直播间都不进人，或有观众没转化，这就需要学习直播起号方法。不同类型的直播账号，起号的方式也有所不同，大概包含以下五种类型。

1. 平播起号

平播起号是指靠日常直播起号，不憋单，不拉互动，直接卖产品。平播的主要流量来源为自然流量。平播比较适合产品品质优、主播流量承载能力比较强的直播间。

这种起号方式的优点是比较自然，能够避免低价引来的"羊毛党"（专业薅羊毛的用户）；缺点是起号较慢，流量不会急速增加。

2. 福利起号

福利起号是指用福利款产品吸引用户，其主要流量来源为自然流量。福利起号较适合产品性价比高、有价格优势、主播能力适中但直播状态强的直播间。

不建议一场直播使用过多福利款，这样会吸引大量"羊毛党"，从而拉低直播的客单价，让直播间被打上低消费的人群标签，进而影响后期售卖利润款产品。

可以采取低价福利品+中价引流款+高价主推款的产品策略进行起号，再搭配小店随心推圈定精准人群。

3. 视频起号

视频起号是指通过发布短视频的方式起号，直播间的主要流量来源为视频流量。视频起号适合短视频打造能力强，且自身产品具备特色的直播间。

建议采取视频爆款+搭配款相结合的产品策略，再搭配千川极速版进行推广。

4. 千川起号

千川起号是指通过给直播间投千川起号，主要流量来源为付费流量+自然流量，这是起号最简单快速的方式。千川起号适合有爆款产品、主播对流量敏感、具备较强的流量承载能力的直播间。

建议采取引流爆款+主推产品+搭配产品相结合的产品策略，再搭配千川专业版（单场2000~10000元预算）进行推广。

5. 内容起号

内容起号是指靠直播间的内容起号，直播间主要流量来源为自然流量。内容起号适合直播兴趣内容策划、娱乐内容强的直播间。

建议采取引流爆款+主推产品+搭配产品相结合的产品策略。

4.3.2 直播起号方法

不同直播间使用的起号方法不同，对于有优质爆款商品的直播间来说，前期可以用优质爆款商品进行引流起号；对于有充足预算的直播间来说，可以使用千川投流打标签起号。直播间起号方法多种多样，主播需要根据直播间特点进行选择。

视频4-3
直播起号
方法

1. 平播

（1）玩法。直接上好商品链接平播。

（2）操作。早上4：00、晚上11：00起号，控屏力度要足。整场只卖1~2个商品，打爆后再整场过款，打不爆则换款。下播后多发视频、投DOU+涨粉，每天预算300~500元，投放目标选择粉丝增长，投放方式选择达人相似，投放时间选择24小时。

（3）投流。直播时投DOU+小店随心推，投放方式选择相似达人，投放目标选择200元进入直播间、200元商品点击、400元下单。

（4）场景。轻奢高级，有品质。

（5）话术。讲解品牌款式搭配，语调平缓，口齿清晰，不能有大卖场的感觉，讲解价格过款，保持自己的节奏，助播和场控负责逼单。

2. 憋单

（1）玩法。先不放出库存，讲解直播活动，让用户认为优惠活动力度大。价格提前改好，如9.9元。但要讲明什么时候上链接、上多少库存，可以用一张白纸写好提示，放在主播后面，不停地展示给用户。

（2）操作。A链接放主推爆款，B链接放引流憋单款，C链接放利润款。

过款顺序为A—B—C。A款先憋单，憋单后按照在线人数30%左右放库存做转化。接着，迅速过B款，讲解3~7分钟，稳定在线人数。人数稳定后，过C款，这时在线人数会迅速下降，马上重新上A款继续憋单。如果不能稳住在线人数，则上B款再引流拉人。

（3）话术。A款主打性价比和款式，B款主打价格和限量。

（4）投流。DOU+小店随心推预算300元，每次投100元，每10分钟跟投一次。

3. 拉停留

（1）玩法。福利款拉停留时长。

（2）操作。当粉丝团达到五级时可以参加买一送一的活动，5分钟后发福袋抽实物，两款引流商品憋单3分钟，一款承接款商品放量提升转化率，同时预告接下来的引流款和活动。

（3）投流。DOU+小店随心推投放目标选择200元投成交、200元投互动，投放方式选择相似达人，投放时间选择1小时。

（4）话术。节奏要快，要让观众加入粉丝团，给人活动马上要开始的感觉，不断预告接下来的活动和要爆的款式。

4. 卡直播广场

（1）玩法。9.9元跑量玩法。

（2）操作。找一个大众款商品，一直憋单8~10分钟，开价后逼单2分钟。当直播间在线人数往下掉时，提前补付费投流，一直疯狂放单，每人限购一单，放不出去就换款。

（3）投流。DOU+小店随心推，投放200元人气、200元点击，投放时长0.5小时，投放人群选择自定义，在线人数掉了再补一单。

（4）场景。工厂背景，引导提示卡片，多人互动，动感的背景音乐烘托氛围。

（5）话术。主要营造厂家出货，当次直播全场消费都由老板买单的氛围；引导用户互动关注，给直播间营造马上要开始大活动的景象。

5. 高客单价返现

（1）玩法。用户下单金额全部返现。

（2）准备工作。限量100单商品，顺丰包邮，拍下当天发货。

（3）操作。先憋单去除直播间里的"羊毛党"，再以正价的方式上链接。拍下之后给用户打电话，让用户好评后返现。1号链接设置商品9.9元，库存设置为0，卖点写"只送

不卖"；2号链接主推返现款，找用户喜欢的款式上链接；3~5号链接上正价商品。

（4）投流。千川速推版覆盖500万人群包，选择30个同行业相似达人账号，投300元进入直播间、300元点击小黄车、300元评论。

6. AB链

（1）玩法。同款商品设置A、B两个链接。

（2）操作。1号商品链接设置低价，设置2件起拍，但商品库存只设置1件，用户点进去无法购买。3号商品链接再上架同款商品，价格设置成正常价，但图片需有所不同。

在憋单的时候，把1号链接设置为讲解状态，使此时进入直播间的用户看见1号极具性价比的商品，把用户牢牢地吸引在直播间里，不让用户流失。一旦有人点击1号链接，屏幕上会显示××等10多人正在购买此商品，这时候就显得直播间非常火爆。

新进来的用户看到直播间这么火爆，就不会想着离开直播间了，这个举动可以直接增加直播间的权重。等到在线人数达到预期，主播就要开始放单了。但是放出的是3号商品链接，把3号商品链接切换为讲解状态。

（3）投流。DOU+小店随心推投300元，投放目标选直播间人气，投放时间选0.5小时，投放方式选择相似达人账号。

（4）话术。不能有具体链接引导，让用户自己去小黄车看；可以发福袋，指令设置成111，全屏引导1号链接，当在线人数和增长曲线达到预期后，开始讲解3号链接，放出库存，引导用户购买。

7. 低价转高价

（1）玩法。套装捆绑销售。

（2）操作。上完低价引流款后介绍套装，然后改价模式，买一送一。

（3）投流。先发布垂直短视频，DOU+小店随心推投放视频，投放目标选择加热直播间，圈定高客单价粉丝模型的相似达人账号进行投放，投200元投评论、200元成交，每0.5小时一单，全场共投放2~3单。

（4）话术。先讲主推款，强调福利和优惠的力度，无论是主推款还是赠送的价值都高于套装价格。注意：价格不能虚高，尽量贴近实际价格。

（5）细节。尽量让套装每天都保持卖出30单以上或者GMV 3000元及以上，稳定5~7天。价格标签打起来后，再组一个新套装或者直接降低20%的价格，尝试把这个套装打造成爆款。

8. 爆款商品测款

（1）玩法。直播间测试爆款商品。

（2）操作。在蝉妈妈平台上面找到日销排行榜前三、周销排行榜前三的商品或对接工厂找到近期跑单量多的3款商品。在同样的场景和脚本下拍摄这9款产品的视频，全部投放DOU+小店随心推，测试每条视频的播放量和点赞量。在直播间里，给每款产品设计相同的话术、分配相同的时间段售卖，查看每款商品的点击率和转化率，每次剔除数据最差的商品然后轮替上新。

（3）爆款数据标准。100元DOU+可以带来10000以上的播放量，或商品点击率高于20%，则可大力度投入打造成爆款。

9. 新号提升场观

（1）玩法。准备两个福利款商品，拉停留互动。

（2）操作。早上5:00或晚上11:00直播，2款福利款商品放到1号、2号链接。开始直播0.5小时后发福袋红包，2款商品轮流讲解3分钟，憋单放少量库存，重复多次上述操作。

（3）投流。DOU+小店随心推预算300元，投放目标选择直播间人气，投放时长0.5小时，投放人群自定义精准人群。

（4）场景。引导卡片活动占直播间1/3画面，主播需要肢体语言饱满，搭配动感的背景音乐进行讲解。

（5）话术。介绍新号做活动的原因，福利款商品拉互动停留；可以引导用户评论，如"要1号商品的扣1，要2号商品的扣2"，同时塑造产品价值，强调只有今天直播间才有活动。

10. 利用千川给直播打标签

（1）做好数据标签。

① 重点提升评论、关注、购物车点击数据。

② 投放方法：千川速推版投300元直播间人气、300元评论、300元购物车点击，选择30个相似达人进行投放，投放时间选择3~5天。

（2）做好成交标签。

① 重点提升成交、复购数据，每天保持30单以上的出单量或者3000元以上的GMV。

② 投放方法：千川专业版投500元，目标选择成交。选择精准人群，连投3~5天，直播间的标签就会精准。

扩展资料4-3
直播起号与运营

本章总结

策划直播流程是开始直播之前的一项重要工作，需要从直播目标、直播类型、直播主题、直播流程及脚本、直播营销活动等方面进行策划，确保直播顺利进行。

在制定直播目标时，通常会从停留、转化、转粉、传播四个维度来进行。

直播数据包含场次、日期、直播时长（小时）、当场的PV和UV、粉丝流量占比、评论人数占比、在线人数峰值、平均在线人数、粉丝人均观看时长、新增粉丝数、转粉率等。

电商数据包含成交人数、销售额、转化率、粉丝下单占比、UV价值、客单价等。

每个类目直播间的节奏都是不同的，开场、前场、中场、收官这四个阶段有不同的目标，针对这些不同目标，需要实时调整直播节奏。我们把节奏分为商品排序讲解节奏、活动节奏、投放节奏三部分。

电商直播最重要的阶段在于前期，起号是运营的关键。抖音直播的起号方式有很多，如平播起号、福利起号、视频起号、千川起号等。每种起号方法要注意的操作细节不一样，不同直播间需要根据自身特点和数据灵活运用。

4.4 上机练习

4.4.1 上机练习一 直播间分析

1. 训练的技能点

（1）信息收集的能力。

（2）对直播间的分析能力。

2. 需求说明

通过研究在线人数1000以上的女装直播间，对该直播间的时间、日期、主题、目的、直播参与人员、商品排序、直播内容、活动安排、作用等进行分析，填写直播策划工具表（基础表）。

4.4.2 上机练习二 策划直播

1. 训练的技能点

（1）对直播活动策划的结构认知。

（2）直播活动策划的能力。

2. 需求说明

通过上机练习一收集到的直播间相关信息，结合自己的实际情况，构思直播团队配置、直播场景，策划一场直播活动，使用直播策划工具表（基础表）形成单场直播活动策划文档。

4.5 巩固练习

4.5.1 填空题

1. 在开始直播前，根据直播脚本要提前准备好_____、_____、_____、_____、_____。

2. 主播券是由_____创建并承担成本的优惠券，精选联盟商家开启营销授权后，带货达人可为相应的货品创建并发放优惠券，并由_____承担券成本。

3. 直播间整场节奏可分为四个阶段，分别是_____、_____、_____、_____。

4. 抖音直播的起号方式有很多，如_____、_____、_____、_____等。

5. 切款换款的四个节奏把控分别是_____、_____、_____、_____。

4.5.2 选择题

1. 在下列选项中,(　　)不属于直播间活动设计的目的。
   A. 转粉　　　　　B. 转化　　　　　C. 转团　　　　　D. 传播
2. 在下列选项中,(　　)不属于直播活动类型的四大分类。
   A. 主题活动　　　B. 大促活动　　　C. 粉丝专场　　　D. 营销活动
3. 在下列选项中,(　　)不属于直播活动主题的四大分类。
   A. 粉丝主题　　　B. 官方主题　　　C. 店铺主题　　　D. 大促主题
4. 在直播开场阶段,主播的(　　)行为是不正确的。
   A. 留住粉丝　　　B. 关怀粉丝　　　C. 流程介绍　　　D. 权益介绍
5. 可以快速给直播间打上标签的方法是(　　)。
   A. 平播起号　　　B. 憋单　　　　　C. AB链　　　　　D. 巨量千川

第5章

如何做好一名主播

本章主要介绍新手主播如何从入门到成熟,包括心态平衡、形象管理、镜头感知、声音操控、语言掌控、主播话术设计及运用等六个方面,让读者对主播应具备的能力有清晰的认知。

通过本章学习,读者可以清楚地知道如何成为一名合格的主播。

课前预习

熟悉各直播间主播的直播情况,并回答下列问题:
(1)请找一个你喜欢的抖音带货直播间,并说明喜欢的三个原因。
(2)请找一个你不喜欢的抖音带货直播间,并说明不喜欢的三个原因。

5.1 心态平衡

新手主播在直播时往往会紧张，一紧张就会出现各种状况。对于主播来说，拥有强大的内心非常重要。如何调整自己的心态、克服恐惧，以合适的方法与策略应对突发状况，是新手主播学习的重点。

视频5-1
两个步骤完成首播

5.1.1 两个步骤完成首播

每一个新手主播在直播时都会存在直播紧张、不自信、不敢看镜头、眼神飘忽、找不到镜头、开口跪、话术干涩等问题。其实想解决这些问题并不难，通过以下两个步骤就能轻松调整直播状态，如图5-1所示。

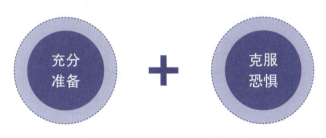

图5-1 两个步骤调整直播状态

1. 充分准备

正所谓不打无准备之仗，在开播之前，主播需要做大量的练习。最有效的练习办法是空镜练习。空镜练习可拆分为三个练习对象，即对自己、对他人、对镜头。

（1）练习方式及要求。

① 对自己。在安静的房间，自己对着镜子或手机进行练习，要求做到顺畅自如的语言表达和表情控制。

② 对他人。找自己的亲朋好友或一起学习的同学，进行一对一或一对多的对人演练，要求做到顺畅自如的语言表达和表情控制。

③ 对镜头。在镜头前进行模拟直播演练，同样要求做到顺畅自如的语言表达和表情控制。

（2）练习内容。练习内容主要包括人设展示、产品话术、脚本流程、肢体呈现和面部表情、模拟互动等方面。

① 人设展示。根据自己设定的人设，练习人设话术表达，提升粉丝对主播人设的信任度。

② 产品话术。熟悉产品，分析产品的特点，输出一套产品话术进行演练。

③ 脚本流程。准备一套脚本流程，完美地执行各个脚本的节点，有条不紊，娓娓道来。

④ 肢体展现和面部表情。合理地运用肢体语言，同时做好面部表情管理。

⑤ 模拟互动。模拟与粉丝互动的场景，如开场互动、点赞评论互动、加粉丝团互动、福利品互动、产品上架互动、下播前互动等。

（3）空镜练习。空镜练习需要遵循以下两个还原法则：

① 场景还原。空镜练习前先定义好练习的场景，如开场、送福利、大促倒计时5分钟等场景，1:1还原实际直播情况，有目标、有节奏地进行模拟。

② 话术还原。提前准备好需要用到的话术，如3分钟人设展示话术、福利品话术等，1:1还原实际直播情况，配合产品练习话术讲解。

2. 克服恐惧

在抖音直播的过程中可能会发生很多突发情况，新手主播容易产生恐惧心理。恐惧心理的产生来源于外部的不确定性、对未知状况的恐惧，如图5-2所示。

图5-2 恐惧心理的产生

直播时产生紧张的情绪是正常的，首先，承认它的存在。想要克服恐惧，与自己和解非常重要。开播之后的情况是未知的，但必须尝试。其次，摆正心态，降低预期值。超级大主播直播时也会有瑕疵，更何况首次上播的自己。

自信的要素就是做好充分的准备和心理暗示。

（1）做好充分的准备。

① 运用还原法则不断练习，保持空镜练习的强度，切忌"三天打鱼，两天晒网"。

② 做好相关知识储备，学习达人直播带货的相应课程。

③ 持续练习，始终保持良好的直播状态和心态。

（2）加强心理暗示。

① 简单化。将在镜头前进行直播这件事情作为常态化的工作，熟悉流程之后就变得非常简单了，减轻心理负担。

② 简短化。在练习的时候，可以把整场直播拆分成若干个简短的环节，对每个环节进行有针对性的练习，这样有助于提升练习效率。

③ 正向化。上播前鼓励自己"我能行、我很棒"，给自己正向积极的肯定，摆脱负面思想，不给自己找借口，不说"不行"或"不能"等否定性的话语。

5.1.2 六"不"原则hold住粉丝

在直播过程中，主播在面对粉丝的时候，应该保持不急不躁、不吹不怼、不卑不亢的6"不"原则，呈现出自己最好的状态，如图5-3所示。

1. 不急不躁

"急躁"的释义：性急，因不顺心而激动不安，容易发怒。

注意：直播中在与粉丝的互动过程中，往往会产生观点不一致的情况。记住，直播无法完全满足所有人的需求，所以要灵活变通，善于引导粉丝，如图5-4所示。

图5-3 六"不"原则

> Q：你们弹券是只有1张吗？怎么抢都抢不到？
>
> 场景应对A——烦躁：
> 抽不到就是你自己的手速不行，不要来问我！（×）
>
> 场景应对B——耐心讲解：
> 宝贝不要急，先点波关注，关注不断福利不断哦~~下波福利在xxx。（√）

图5-4 直播中如何正确引导观众

2. 不吹不怼

"吹嘘"的释义：夸大地或无中生有地说自己或别人的优点，夸张地宣扬。

"怼骂"的释义：相互对峙，"心"字底表示心里抵触、对抗。

注意：直播间的抵触、对抗心理有可能是因粉丝产生的，也有可能是因竞品产生的。在直播间，一定不能诋毁粉丝和竞争对手，如图5-5所示。

> Q：主播，你家的价格为什么比别人家贵？
>
> 场景应对A——捧高踩低：
> 那是我们家的产品独一无二，就是好，其他家的都是垃圾。（×）
>
> 场景应对B——有理有据：
> 这款添加了xx，持有恒温专利，光是这个面料就要100多米的成本，加上设计、人工、包装、物流等，因此价格要相对贵一些。（√）

图5-5 直播中如何对比竞品

3. 不卑不亢

"不卑不亢"的释义：既不自卑，也不高傲，形容待人态度得体，分寸恰当。

注意：对于直播工作，既不高人一等，也不卑躬屈膝、曲意逢迎。面对粉丝的质疑，要调整好自己的心态，善于自我调侃，如图5-6所示。

> Q：主播这么丑为啥还要来直播？
>
> 场景应对A：心态崩溃，播不下去。（×）
>
> 场景应对B：（唱起来）长得丑，活得久，长得帅，老得快，我要当个丑八怪，开心又可爱。（√）

图5-6　直播中如何面对粉丝的质疑

5.1.3　直播间突发状况的应对策略

在直播过程中，虽然已经提前设计好每一个产品的讲解话术和整场直播脚本，但依然无法避免很多突发状况的出现，如粉丝恶意刷屏、流量的暴跌或暴涨、违规提醒、设备故障等。

1. 直播间突发状况及应对策略

（1）互动类。

恶意刷屏：恶意在评论区刷负面评论或与直播无关的评论，严重影响其他粉丝体验和正常直播。

应对：正常反馈问题的，进行合理解释安抚；恶意刷屏的，禁言或者拉黑，严重者可联系平台进行处理。

（2）流量类。

流量涨落：直播间流量忽然暴涨，大批观众涌入；或者流量忽然下落，无人互动。

应对：摆正心态，及时与直播间团队沟通，明确流量涨落的原因；有条不紊地掌控直播节奏，人多时不慌张，人少时不沮丧。

（3）违规类。

触发违规：直播过程中系统提示违规信息。

应对：先了解违规详情，明确原因及解决方案。如果可以立刻调整，则继续直播；若不清楚原因或不确认是否能规避，直接下播，复盘，弄清违规原因，再继续直播。

（4）设备类。

设备故障：直播过程中摄像头或者计算机等设备发生故障。

应对：先评估是否能及时解决。如果无法现场解决，告别粉丝，说明情况，正常下播,并设置上播前设备检查流程。

(5)系统类。

系统故障:直播过程中控台或者其他软件发生故障,影响正常直播。

应对:排查网络或因操作不当引起的问题。如无法现场解决,告别粉丝,说明情况,正常下播。

(6)设置类。

设置出错:直播时设置出现错误,如价格出错、优惠设置错误等。

应对:第一时间下架链接或暂停活动,并配置补偿机制。告知粉丝设置出错,获得粉丝谅解,已经形成的订单正常发货。下播后进行复盘,明确各岗位分工及上播前检查机制。

2. 应对突发状况的原则

虽然出现突发状况属于正常情况,但很多状况可以通过充分的准备和采取合适的应对策略来减少事故率。应对突发状况的原则(图5-7)如下:

(1)充分准备。开播前对各环节进行检查,确保无误再开播。

(2)摆正心态。当问题出现时不急不躁,有问题就解决问题。

(3)调整预期。现场工作出错属正常情况,做一些容错的准备以应对突发情况。

(4)灵活机动。当出现问题时,迅速辨别问题的原因以及应对方式,灵活机动地进行处理。

图5-7 应对突发状况的原则

5.2 形象管理与镜头感知

主播在面对镜头时,需要提前做好妆发等外形管理,塑造IP人设。在直播时,主播需要做好表情管理、肢体管理,可通过练习加强镜头感,以达到最好的直播状态。

5.2.1 外形管理、表情管理、肢体动作管理

成熟的主播非常注重外形、表情、肢体动作等方面,包括穿搭、配饰、妆容、背景等。做好各个细节管理会让主播和直播间风格统一,加深用户的印象。

1. 外形管理的两大模块和三大原则

主播为什么要做好外形管理呢?因为外形管理可以丰富IP人设,增加兴趣点,增强说

服力，增加记忆点，如图5-8所示。

图5-8 外形管理的作用

（1）外形管理的两大模块。

① 妆容妆发。上镜前必须做上妆流程，包括合适的妆容和与之匹配的发型。

② 穿戴。设计自己的穿戴，根据直播主题进行服饰搭配。

注意：滤镜和美颜效果可能会让产品变形或者产生色差，影响粉丝体验；镜头是很"吃"妆的，尊重镜头，在镜头前展现最好的自己。

（2）外形管理的三大原则。

① 贴合产品。卖什么类型的产品，妆容和穿戴就应该贴合这个产品。

② 贴合人设。定位什么样的人设，妆容和穿戴就应该贴合这个人设。

③ 贴合主题。策划什么样的主题，妆容和穿戴就应该贴合这个主题。

扩展资料5-1
主播案例

视频5-2
表情管理的
四个阶段

2. 表情管理的四个阶段

用户很容易从主播的表现中看出他（她）是否专业。不专业的主播给人的感觉很不自然、不舒服，这有可能是表情管理缺失造成的。

因此，在直播过程中，做好表情管理是成为合格主播的必备技能。做好表情管理，可从以下四个阶段着手（图5-9）。

捉虫阶段：
干掉微表情

练习阶段：
稳住基本面

适配阶段：
找到记忆点

巩固阶段：
高光每一帧

图5-9 表情管理的四个阶段

（1）捉虫阶段：干掉微表情。

① 减少不必要的微表情。有些新手主播因为紧张会不自然地做一些小动作，如疯狂眨眼、吸鼻子、皱眉、斜眼等，应刻意减少这些微表情，尽量使表情更自然。

② 摘除自己呈现不佳的表情。经常做录屏练习，在顺利完成直播流程的

扩展资料5-2
主播练习

过程中，寻找自己做得不好、影响观感的表情，如笑得太大声、说话太用力导致面部狰狞等。

（2）练习阶段：稳住基本面。

① 微笑练习。笑不露齿，嘴角上扬，保持3~5分钟一组。

② 大笑练习。练习露出牙齿的微笑，幅度不用太大，可以用筷子等工具辅助，保持每天1小时以上的练习时间。

（3）适配阶段：找到记忆点。

① 自己觉得更佳的表情。比如，微笑的时候比露齿笑更美，眨眼的时候非常吸睛。夸张的表情往往是有难度的，但辨识度很高。

② 粉丝有更多反馈的表情。可能这个表情并不是自己平时训练的表情，但每次做出这个表情的时候，粉丝更活跃、互动更频繁。

（4）巩固阶段：高光每一帧。

① 配合人设频繁巩固。与自己的人设匹配，频繁表现该特色表情，不断巩固表情呈现，加深记忆点，使人设更加真实、立体。

② 放宽组合延伸丰富。确认自己的特色表情后，不断丰富、延伸。比如夸张的表情，可以有产品特别赞的夸张，也可以有价格特别赞的夸张，做出差异化和丰富度。

3. 直播常见肢体动作

（1）在直播过程中，主播的肢体动作可以起到辅助呈现、强化视觉、引导焦点的作用，如图5-10所示。

辅助呈现

强化视觉

引导焦点

图5-10　肢体动作的作用

① 辅助呈现。主播展示hip-hop表现牛仔外套的嘻哈风格，是风格的呈现，如图5-11所示。主播转圈表现连衣裙轻盈、裙摆大等特点，是质量的呈现，如图5-12所示。

② 强化视觉。主播通过手指比"1"强调活动只剩最后1天，通过肢体动作强化重点，如图5-13所示。

③ 引导焦点。主播通过手指引导粉丝点关注加团，引导粉丝领取福袋、下单领券等，如图5-14所示。

图5-11　风格呈现案例

图5-12　质量呈现案例

（2）直播间常用肢体姿势。

① 手势。直播时，主播应多用表示正向情绪的手势，少用可能产生争议的手势，

禁用带有侮辱性的手势。

②站姿。常规站姿：抬头、头顶平，两眼向前平视。双肩放松，稍向下沉。躯干挺直，收腹、挺胸、立腰。双臂放松，双腿并拢立直，两脚跟靠紧，脚尖分开呈60度。男子站立时，双脚可分开但不能超过肩宽，身体重心应在两腿中间，防止重心偏移。做到三"不"，即不高低肩、不摇来晃去、不抖腿。

③坐姿。常规坐姿：坐正，上身挺直，两腿并拢，至少坐满椅子的2/3。（图5-15）精神饱满，以不累为原则。

图5-13 通过肢体动作强化重点案例

图5-14 引导关注案例

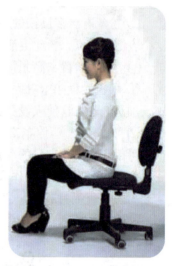

图5-15 直播常规坐姿

5.2.2 建立镜头感知力

新主播面对镜头紧张、尴尬，不知道眼睛应该看哪里，声音也变得很不自然，其实这些都是正常现象，需要有计划地练习，以建立镜头感知力。

视频5-3
如何建立镜头思维

1. 四大技巧提升镜头感知力

镜头感知力就是面对镜头自我呈现感知，当自我呈现感知缺失（图5-16）时会出现以下情况。

开播后疯狂眨眼

眼神飘忽，总没有办法集中视线

上镜了找不到位置

习惯盯着手机看，不知道镜头在哪里

直播呈现的脸总是不好看，感觉藏在阴影里

图5-16 自我呈现感知缺失

（1）镜头捕捉。上镜前提前确认机位，明确摄像头在哪里，设计好需要呈现的内容，提前规划镜头位置。

（2）灯光捕捉。不同的直播间往往配置不同的灯光效果，如果明确了灯光的中心，主播在讲解时就不会偏移中心，知道采用什么样的讲解形式配合什么样的灯光效果，如图5-17所示。

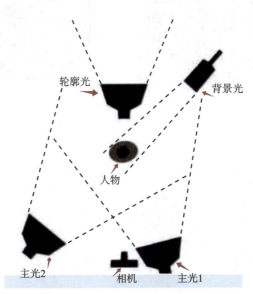

图5-17　确认灯光的中心及效果

（3）角度捕捉。手机屏是平面的，但主播的脸和肢体是立体的，主播在镜头前的每一帧都要散发出极致的魅力，在哪个角度下更好看是会影响销量的一个大问题。

（4）眼神捕捉。

① 问题：眼神飘忽，不知道往哪里看。

解决方案：三点练习法，如图5-18所示。

方法：空镜练习，在与眼睛平直的方向设置3个点，正前方1个、左右45度各1个，在讲解产品时眼神只在这3个点间移动。

时间：3~5分钟为一组，每次练习10组以上。

周期：每天练习，坚持练习2周及以上，开播后可在实战中继续练习。

注意：初学者眼睛与点位设置距离1~3米。当感觉眼睛酸涩时可停下休息，循序渐进。平时保持良好的用眼习惯，可采用远眺等方式放松眼睛。

② 问题：眼神闪烁，疯狂眨眼。

解决方案：单点练习法，如图5-19所示。

方法：空镜练习，在镜头上用明显的颜色标出一个点，在讲解产品的过程中只对着这个点进行练习。

时间：3~5分钟为一组，每次练习10组以上。

周期：每天练习，坚持练习2周及以上。开播后可在实战中继续练习。

注意：初学者眼睛与点位设置距离1~3米。当感觉眼睛酸涩时可停下休息，循序渐进。平时保持良好的用眼习惯，可采用远眺等方式放松眼睛。

图5-18　三点练习法

图5-19　单点练习法

③问题：眼神无力，抓不住人。

解决方案：眼周练习。

方法：对镜练习，闭上眼睛，轻抚额头，如果睁开的时候发现眉毛明显上移，则表示眼眶没有用力。注意眼眶的发力，做睁眼训练。

时间：1~3分钟为一组，每次练习10组以上。

周期：每天练习，坚持练习2周及以上。

注意：初学者掌握正确方法为宜，多结合微笑训练，效果更佳。当感觉眼睛酸涩时可停下休息，循序渐进。

2. 提升产品呈现感

在直播过程中，可通过使用展示、陈列展示、上身展示和组合运用等方法来提升产品呈现感，如图5-20所示。

图5-20　提升产品呈现感的方法

（1）使用展示。使用展示常用于食品的试吃、3C产品的测试、手工艺品的试用、化妆品的教学等，可以展示产品的使用方式、性能效果，如图5-21所示。

图5-21　使用展示方法

（2）陈列展示。陈列展示多用于珠宝、配饰等展示，可以展示产品的细节、功能、做工、色泽、质地等，如图5-22所示。

  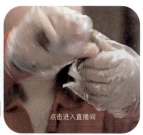

图5-22 陈列展示方法

（3）上身展示。上身展示常用于服装的版型展示，多为服饰类直播间展现产品上身后的实际效果，常强调搭配效果，如图5-23所示。

（4）组合运用。上述三种方法还可进行组合运用，达到更佳的产品呈现效果。例如，衣服可以还原洗衣的使用场景，展示面料的质地以及穿版呈现上身效果，如图5-24所示。

图5-23 上身展示方法

图5-24 组合运用方法

不同景别的产品呈现手法的对比：近景彰显品质，中景看外观，远景重搭配，如图5-25所示。

图5-25　不同景别的产品呈现手法

5.3　声音操控与语言掌控

声音和语言是主播表达的核心。锻炼主播的声音操控能力和语言掌控能力是主播技能提升的重中之重。掌握正确的发音方式，可以使主播直播时更加省力、从容；掌握语言修辞技巧，可以让主播的感染力更强。

5.3.1　声音操控

主播是需要长时间说话的职业，有时一场直播需要持续6~8小时，往往会造成主播的嗓子干哑、肿痛。除了日常对嗓子的保养之外，掌握科学的发声方式，可以让主播更加省力轻松，达到更好的直播效果。

1. 科学的发声方式

（1）主播必学的科学发声方式。作为带货主播，一场直播时长动辄数小时，主播的声音要自始至终保持高稳定状态，需要具备较强较稳的气息控制能力，全靠嗓子发音势必会越播越弱、越播越松，到最后甚至会有气无力、声嘶力竭。所以，科学的发声方式是主播的必备技能。

（2）清晰、标准、流畅是主播发声的三个标准，如图5-26所示。

清晰　　　　　　　　标准　　　　　　　　流畅

图5-26　主播发声的三个标准

① 清晰。吐字清晰，音节完整。
② 标准。发音标准，普通话标准。
③ 流畅。吐字均匀，不断不叠。

（3）腹腔发音训练。呼吸要深长而缓慢，用鼻吸气，用口呼气，一呼一吸控制在15秒钟左右。

深吸气（鼓起肚子）3~5秒，屏息1秒，然后慢呼气（回缩肚子）3~5秒，屏息1秒。每次5~15分钟，做30分钟。如果找不到感觉可以尝试弯腰闻花香的姿势。尽量多练多摸索。

① 发音练习。主播日常可通过口腔操、绕口令、压腹数数、贯口练习等方式进行初级练习，可通过开口哈欠、跑步输出、偷气换气、音色练习等方式进行进阶练习，如图5-27所示。

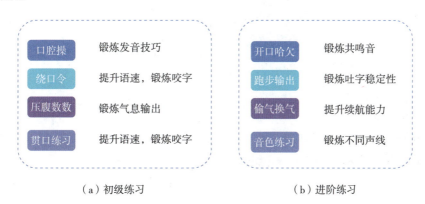

图5-27　发音练习

② 嗓子养护。新手主播可以通过以下方式进行嗓子养护：

a. 注意饮食。高强度用嗓后，不要吃辛辣等过于刺激的食物，不喝酒精饮料，多喝水润喉，可以适当喝蜂蜜水、金银花水之类的润喉饮品。

b. 坚持练习。坚持腹腔练习，养成腹腔发音的好习惯，切忌扯着嗓子大吼大叫，科学用嗓是对嗓子最好的保护。

c. 间断强度。高强度用嗓不超过2小时，如超过2小时，可适当间断休息，进行主播轮替或者场控辅助讲解。

2. 直播间语速语调调整

（1）语速。根据直播间的特点，可适当调整直播时的语速，如图5-28所示。

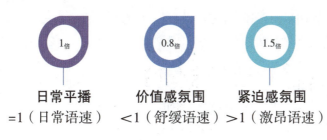

图5-28　不同直播间语速调整方式

① 日常平播。使用常规语速即可，要给人自然、舒服的感觉，注重亲和力。

② 价值感氛围。语速相对舒缓，要给人轻松、惬意的感觉，注重价值感氛围烘托。

③ 紧迫感氛围。激昂急迫的语速，要给人快节奏、急迫、紧张感十足的感觉，多用在大促、上架后的抢购环节，如图5-29所示。

> 废话不多说，给大家开场福利。这款是我们门店正在热销的一个**爆款**产品，也是各位姐妹日常要用的实用产品。（开场）
>
> 这个手串用的是我们保山南红的料子，你仔细看，就是这种**温润**的感觉，大家都知道，这个料子，是**绝矿了**的。
>
> 曾经伊丽莎白在她的婚礼上佩戴的就是这个大师设计的珠宝。（深度讲解）
>
> 已经上架了，大家快去抢购。这款打底裤，门店的价格是××元，打折后也差不多要××多的，今天我们直播间就是宠粉了。库存不多了，还剩5个库存，拼手速啦！（开价）

图5-29　直播话术语速变化示例

（2）语调。

① 语调分为高升调、降抑调、平直调、曲折调四种，如图5-30所示。每种语调在直播间的不同运用，表达出的感情、起到的作用是不同的。

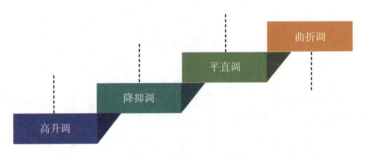

图5-30　直播语调的种类

a. 高升调。高升调多用于疑问句、反问句，或表示愤怒紧张，输出时注意前低后高，语气上扬。

b. 降抑调。降抑调多用于感叹句，或者表示坚定自信的句子，输出时注意调子由高降低，末字短促。

c. 平直调。平直调多用叙述，输出时始终平直舒缓，没有显著的变化。

d. 曲折调。曲折调用于表示一些特殊的感情，如讽刺、夸张、双关等，输出时由高而低后又高。

② 声调的运用原则。

a. 多声调组合运用，切忌平铺直叙。例如，接下来给你们上个高货（平直调），你们看这颗好看吗？（高升调）好不好看？（曲折调）好看！宝贝们，太好看了！（降抑调）

b. 配合表情及肢体，更好地表达直播主题。例如，搭配肯定的时候手臂下压。

c.声调与语速搭配使用,效果更佳。例如,"降抑调+1.5倍语速"的组合多用于促单。

3. 轻重音的使用技巧

在直播的时候,如何利用轻重音来提升主播的表现能力呢?在直播时常用的三种轻重音调节方式分别是高低强弱、快慢停连、虚实转换,如图5-31所示。

图5-31 三种轻重音调节方式

(1)高低强弱。用声音高低强弱的转换和变化来强调重音,在一句话内突出不同的几个重点,如图5-32所示。

语言情绪:多重点、呼应性重音,表达强调和肯定。

举例:如果你是**个子小的**姐妹撑不起来那种很宽大衣服,就去选这款**小翻领**的**精致修身**短西装。

图5-32 高低强弱举例

(2)快慢停连。用声音长短、急缓、停连等变化来强调重音的方法,如图5-33所示。

语言情绪:用递进型重音,表达情绪的推进和期待。

举例:**一年啊!一年**的兢兢业业,**一年**的刻苦钻研,这个款才能够来到我们面前。
三个月啊,改了拆,拆了改,这个版型足足用了**三个月**才来到直播间。

图5-33 快慢停连举例

(3)虚实转换。用声音的虚实变化来强调重音,如图5-34所示。

语言情绪:重音轻读、用作拟声,渲染氛围、引起兴趣。

举例:这个脆枣真的很脆,它咬起来是**咔哧咔哧**的声音。

图5-34 虚实转换举例

5.3.2 语言掌控

对于主播来说,能说会道是基本要求,流利、合适的语言表达能让观众持续看下去。除了要写好直播话术,主播对语言的掌控能力也要进行练习。

1. 语言驾驭的四大原则

语言驾驭应遵循四大原则,如图5-35所示。

说得清　　　　说得对　　　　说得顺　　　　说得好
通俗易懂　　　精准描述　　　条理有度　　　丰富多彩

图5-35　语言驾驭的四大原则

（1）说得清，通俗易懂，少用晦涩的专业名词。直播时的表达不能照搬产品说明书，在讲解某些性能或特点的专业名词时，需要予以解释。能深入浅出地讲解产品的主播，往往会受到更多获粉丝的喜爱。

注意：当产品存在缺点或不足时，不要做虚假包装。比如，牛排里面有"原切"和"整切"的概念等。

（2）精准描述，说得对，多用能量化的指标介绍。可以多用数字来表述，如重30克、长12米等，少用"差不多""可能"等不确定的词语。严谨、真实地反映产品本身，同时减少因为描述不当引起的客户投诉。

注意：当粉丝问到某些功能点或者产品属性，但主播不太了解时，切忌含混过关。追根究底弄清楚具体情况并反馈给粉丝十分重要。在实战中不断提升产品熟悉度，也是主播的基本素养。

（3）说得顺，条理有度，做好充分准备。直播前做好充分的准备，全面透彻地了解产品，包括试吃、试穿、试用等，对产品各项功能、卖点了然于心，直播时才能够侃侃而谈，对答如流。

注意：在直播过程中多用结构来表达内容，对想要表述的信息做充分的梳理和总结，如"这款产品的三个优点""使用过程中有四个注意事项"等，做到主播讲得明白，粉丝听得清楚。

（4）说得好，丰富多彩，善于运用修辞手法。直播中切勿平铺直叙到直播结束，要善于用修辞手法来丰富话术，在不同场景及需求下，采用不同的修辞手法使语言更有感染力。

注意：善于运用多种语言、网络用语和特色小语种，往往能增加亲和力，增强人设标签，更能触达粉丝的内心，让粉丝对自己印象深刻；不断充实扩展自己的词汇量，能够用海量的词汇来介绍产品，使自己的表达更精准也更有魅力。

2. 四种常见的修辞手法及案例解析

常见的修辞手法有很多种类，在直播间里最常使用的修辞手法是排比、夸张、比喻、设问四种，如图5-36所示。

排比　　　　　夸张　　　　　比喻　　　　　设问

图5-36　常见的修辞手法

（1）排比。排比是把结构相似、意思相关、语气一致的词语或句子成串排列的一种修辞方法，常用于节奏带领、产品介绍等环节。排比修辞举例如图5-37所示。

举例：
火车不是推的，泰山不是堆的，
牛皮不是吹的，现场直播，实话谁说……

人间自有真情在，顾客口碑都不赖，
天若有情天亦老，高端普洱茶这里找……

图5-37　排比修辞举例

（2）夸张。夸张是为了达到某种表达效果，对事物的形象、特征、作用、程度等运用夸张的修辞。运用丰富的想象力，在客观事物现实的基础上，放大或缩小某个形象特征，常用于介绍产品卖点，但要注意尺度，避免被判定夸大宣传。夸张修辞举例如图5-38所示。

举例：老天爷，我火了吗？这真是一个门庭若市的直播间……
宽肩袖，背后做了一片式设计，纸片人既视感……

图5-38　夸张修辞举例

（3）比喻。比喻是用浅显、具体、生动的事物来代替抽象、难理解的事物，以此引发观众的联想，加深观众的印象，并使语言文采斐然，富有很强的感染力，常用于介绍产品细节。比喻修辞举例如图5-39所示。

举例：
打完光之后你会发现它就像月亮一样，温温润润……
但它的绒毛非常明显，花香绵柔，甘甜清爽，犹如翩翩舞动的小仙女。

图5-39　比喻修辞举例

（4）设问。设问是为了强调某部分内容，故意先提出问题，明知故问，自问自答，表现为典型的一问一答模式，常用于粉丝互动。设问修辞举例如图5-40所示。

举例：大家知道我们这个面料工期要多久吗？整整三个月！
牛仔外套小短裙怎么搭？我来告诉你们。
怎么拍更优惠？来听我说。

图5-40　设问修辞举例

3. 修辞手法的运用方式

修辞手法的运用必须遵循真实客观的原则，切忌弄虚作假、无中生有、混淆视听，否则不仅容易引起客户投诉，更会触发判罚。修辞手法的运用场景如下：

（1）开款时多用丰富多彩的排比句式层层递进，给粉丝以期待感，营造开款氛围。
（2）渲染效果时多用夸张的修辞手法将气氛推至高潮，同时强化输出卖点。
（3）产品细节多用比喻的修辞手法来表现产品特点，将无形的产品情绪以有形的体验传递到粉丝心里。

（4）粉丝互动时多用设问。时刻记得与粉丝互动，多用设问修辞手法来加强互动感，给粉丝以更好的购物氛围。

5.4 主播话术设计及运用

5.4.1 产品话术挖掘

直播话术分为很多种，包括开场话术、上人话术、留人话术、逼单话术、产品介话术等。对于主播来说，每款产品都要撰写相应的产品话术，产品话术在一定程度上决定了用户是否会购买。

1. SDS话术打造法

抖音电商直播的核心是"兴趣电商"，直播间的转化来自用户需求和信任，那么如何让消费者对商品产生兴趣呢？作为主播，应该优先考虑商品的卖点是什么，用户需求是什么，用户在什么样的场景下使用商品。

主播可使用商品卖点、用户需求、使用场景来打造话术。

（1）商品卖点。商品卖点指的是商品具有的、别出心裁或与众不同的特色特点。商品卖点应该是消费者能够接受、认同的利益或效用，通过商品卖点达到产品畅销、建立品牌的目的。

（2）用户需求。用户需求指的是用户为什么需要这个产品。

（3）使用场景。使用场景指的是用户在使用产品时所处的环境、位置、时间、情绪等因素。

SDS话术打造法包括收集卖点、转化需求、形成话术的三个步骤，如图5-41所示。

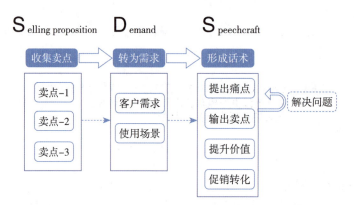

图5-41　SDS话术打造法

拿到产品的第一步就是收集产品的卖点。一般情况下厂家会给出产品卖点文档，主播可根据厂家提供的卖点拓展出更多内容。挖掘更多卖点，意味着主播能讲得更久、更透，把产品的价值更好地表现出来。

收集卖点之后，主播要把卖点转化成用户的需求，同时匹配用户的使用场景。

收集卖点和转化用户需求之后，就需要形成话术了。形成话术需要按照提出痛点、输出卖点、提升价值、促销转化的逻辑来进行，帮助用户解决问题。

扩展资料5-3

主播话术

2. 挖掘产品卖点的九个方法

前文提到，拿到产品后要先收集产品卖点，这样才能转化成用户需求及使用场景。因此，卖点挖掘是主播要做的第一步，那么应该如何收集卖点呢？

挖掘产品卖点的九个方法如图5-42所示。

（1）价格。对比其他平台、直播间产品售价，分析活动期间产品售价变化，进行全网比价，挖掘产品价格优势。

图5-42 挖掘产品卖点的9个方法

（2）质量。总结产品的工艺、用料等关于质量的卖点。如果产品质量非常过硬，可以重点强调它的质量卖点。

（3）效率。总结产品对生活效率的提升卖点，如厨房用纸等。

（4）方便。总结产品给消费者提供更便利的卖点，如充电宝等。

（5）服务。总结产品的服务卖点，如提供极速发货、7天无理由退换、上门安装服务等相应的服务。

（6）稀缺。总结产品的稀缺性或本次直播限量提供等卖点。

（7）实力。总结产品的品牌、知名度、生产工厂、生产方、获奖奖项、证书、通过的某些测验等可以支撑这个产品实力的卖点。

（8）情感需求。产品可以送父母、送朋友、送爱人、送孩子等都是情感需求，如果用户对这方面有需求，就可以提炼成卖点。

（9）赠品。随产品会附赠什么样的东西，如拍一发三等。

3. 理解用户需求，构建货品使用场景

当主播拿到产品、收集完产品卖点之后，就要把产品卖点转化为用户需求，构建产品使用场景。

（1）结合马斯洛需求层次理论理解客户需求，如图5-43所示。

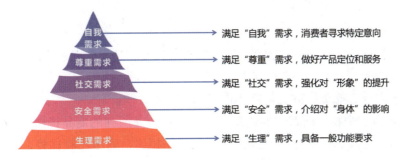

图5-43 马斯洛需求层次理论

（2）利用5W2H分析法寻找使用场景。

使用场景是指用户在使用产品时所处的环境、位置、时间、情绪等。利用5W2H分析法寻找使用场景如图5-44所示。

who 谁会买？
what 为什么会买？
why 什么情绪下会买？
when 什么时候会买？
where 在哪买？
how 什么方式买？
how 买多少？

图5-44　利用5W2H寻找使用场景

5.4.2　主播话术打造

对于主播来说，要想写好话术，应掌握话术打造的底层逻辑和方法，了解用户需求与产品特点，学习其他主播话术，打造出属于自己的直播话术。

1. 提升产品价值

如果产品本身价格较低，则主打性价比，不用提升产品价值。如果产品价格相对较高，对于用户来说不好转化，就必须使用提升产品价值的话术。

通常可使用FABE法则提升产品价值，如图5-45所示。

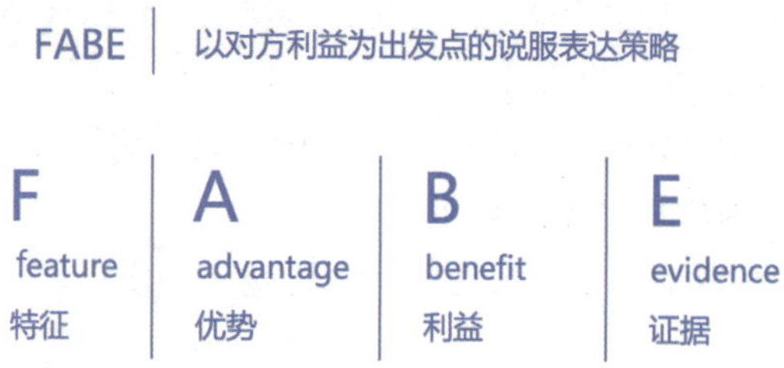

FABE　以对方利益为出发点的说服表达策略

F feature 特征　A advantage 优势　B benefit 利益　E evidence 证据

图5-45　FABE法则

（1）FABE法则的含义。

① F表示特征（feature）：产品的特质、特性等以及它是如何用来满足人们的各种需要的。例如，从名称、产地、材料、工艺定位、特性等方面深入挖掘这个产品的内在属性，找到差异点。特性，毫无疑问就是自己品牌所独有的。

② A表示由这个特征所产生的优点（advantage）：F所列的商品特性究竟发挥了什么功能，即要向顾客证明"购买的理由"；同类产品相比，列出比较优势，或者列出这个产品独特的地方。可以直接、间接地阐述，如更管用、更高档、更温馨、更保险等。

③ B表示这一优点能带给顾客的利益（benefit）：产品的优势带给顾客的好处。利益推销已成为推销的主流理念，一切以顾客利益为中心，可以通过强调顾客得到的利益激发顾客的购买欲望。这实际上是右脑销售法则特别强调的，用众多的形象词语来帮助消费者虚拟体验产品。

④ E表示证据（evidence）：包括技术报告、顾客来信、报刊文章、照片、示范等，通过现场演示、相关证明文件、品牌效应来印证刚才的一系列介绍。所有作为证据的材料都应该具有足够的客观性、权威性、可靠性和可见证性。

（2）FABE法则提升产品价值话术组合方式（图5-46）。

feature	因为（特点）……	因为这台车有副驾驶安全气囊
	想要（特点）……	这个保暖的设计我真的太爱了
advantage	所以（优势）……	所以副驾驶会更安全
	不仅（特点）……	不仅可以通过发热光转化技术来进行恒温
benefit	你买的不只是（优势）……	你买的不只是安全
	更是（好处）……	更是家人的健康和安心
	还能（特点）……	还能带给你来自寒冬的温暖和自信
evidence	你看（证据）……	大家请看一下我们的实验报告
	因为它（特点）……	因为它可以将电通过碳纳米软膜把温度转移到衣服内侧

图5-46 FABE法则提升产品价值话术组合方式

① 因为（特点）……所以（优势）……你买的不只是（优势）……你看（证据）……

举例：因为这台车有副驾驶安全气囊，所以副驾驶会更安全。你买的不只是安全，更是家人的健康和安心，大家请看一下我们的实验报告。

② 想要（特点）……不仅（特点）……还能（特点）……因为它（特点）……

举例：这个保暖的设计我真的太爱了，不仅可以通过发热光转化技术来进行恒温，还能带给你来自寒冬的温暖和自信，因为它可以将电通过碳纳米软膜把温度转移到衣服内侧。

如果主播能够熟练地掌握FABE法则，就会让话术表达更加清晰、更有结构，更能提升产品价值。

2. 提升转化技巧

提出痛点、输出卖点和提升价值都是为了最后的促销转化。提升转化效果是最重要的部分。卖产品就是围绕消费者的心理开展工作，因此，主播需要利用消费者心理去提升转化效果（图5-47）。

图5-47 利用消费者心理提升转化效果的方法

（1）厌恶损失。厌恶损失是指人们面对同样数量的收益和损失时，认为损失更加令他们难以忍受，这是"行为经济学预期理论"的核心理念。

核心：利用消费者马上就要失去的心理提升转化（图5-48）。

举例：还有××分钟我们就下播了，新来的宝贝们，赶紧看一下我们的购物车里还有什么产品是你喜欢的，秒拍秒付，今天的这个产品、这个价格还有××分钟就下架了。

图5-48 厌恶损失举例

（2）登门槛效应。登门槛效应，又称得寸进尺效应，是指当人们接受了他人的一个微小的要求后，有人再提出一个更高的要求，这时他对这个要求的接受程度可能会变高。

核心：引导消费者跟着直播的节奏转化（图5-49）。

举例：来帮我们点点关注，点关注的，帮我把"关注了"三个字扣在公屏上。来，关注，扣起来，我们继续给大家送福利哈，收到我们福利的小伙伴，来，大家看一下，这个产品也是一样的福利价格……

图5-49 登门槛效应举例

（3）正当消费理由。正当消费理由是指给消费者一个购买产品的正当理由，如为了孝敬父母、家人健康、孩子健康成长、事业发展等。

核心：用一个购买产品的正当理由打消消费者购买的疑虑（图5-50）。

举例：这个品为什么咱家卖得这么便宜，你可能在别的直播间都没有见过这个价格，因为好多宝宝后台私信我想要这个，那么我们就贴钱把这个价格压下来，就是宠粉。来，准备上链接。

图5-50 正当消费理由举例

（4）羊群效应。羊群效应也叫作从众心理，是指头羊做什么，后面的羊群就会跟着做什么。

核心：短时间内形成销量的爆发式增长，让消费者看到买的人很多，产品很抢手，从而跟随他人一起购买（图5-51）。

举例：还有20单，还有3单，今天之前没有做过这样的福利，咱们后面再上这个品就不是这个价格了。抢光了，还有21个宝宝没有付款，我们来清除21单。还没有付款的咱们先释放出名额，给咱们想要的、没有拍到的宝宝们。

图5-51 羊群效应举例

本章总结

　　主播开播前要做好充分准备和克服恐惧心理，面对粉丝，做到不急不躁、不吹不捧、不卑不亢，应对突发状况更要做好充分准备，摆正心态、调整预期、灵活机动。

　　主播直播时的形象管理应该掌握外形管理的两大模块和三大原则、表情管理的四个阶段、直播时肢体动作的运用技巧。

　　主播对镜头的感知：如何建立镜头思维、四大技巧提升镜头感、三种手法提升产品呈现感。

　　主播对声音的操控：科学的发声方式、直播时语速语调的运用、轻重音的使用技巧。

　　主播对语言的掌控：语言驾驭的四大原则、语言常见的四种修辞手法。

　　关于主播话术的 SDS 打造法和其中关于挖掘产品核心卖点，构建货品使用场景，形成话术，提升产品价值和提升转化的技巧。

5.5　上机练习

5.5.1　上机练习一　把控自己的直播状态

1. 训练的技能点

（1）克服恐播心理。

（2）主播直播状态提升。

2. 需求说明

结合自己的主播人设，通过手机视频或真实开播录制等方式，录制不短于10分钟的自播视频，要求有完整的产品介绍话术展示。

5.5.2　上机练习二　单品话术编写

1. 训练的技能点

（1）产品核心卖点的挖掘能力。

（2）产品话术的打造能力。

2. 需求说明

结合上机练习一，自选一款产品，撰写单品促销直播话术，形成文档。

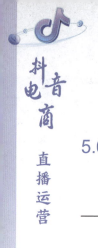

5.6 巩固练习

5.6.1 填空题

1. 成为一名合格主播需要具备的条件包括_____、_____、_____、_____、_____、_____。

2. 主播在外形装扮上要遵循_____、_____、_____三大原则。

3. 直播时为了更好地展示产品，可以通过_____、_____、_____三种手法提升产品的呈现感。

4. 在直播过程中，为了使话术更生动形象，主播经常用到的修辞手法有_____、_____、_____、_____。

5. 抖音直播电商的核心是"兴趣电商"，直播间的转化来自用户的需求和信任，那么如何让消费者对商品产生兴趣呢？主播可使用_____、_____、_____来打造话术。

5.6.2 选择题（多选）

1. 主播面对粉丝的时候，应该遵循六"不"原则，以下（　　）不属于六"不"原则。
   A．不急不躁　　　　　　　　B．不气不馁
   C．不吹不怼　　　　　　　　D．不卑不亢

2. 在下列选项中，（　　）的感知练习能够提升镜头感。
   A．镜头捕捉　　　　　　　　B．灯光捕捉
   C．角度捕捉　　　　　　　　D．眼神捕捉

3. 在下列选项中，（　　）不是主播发声的标准。
   A．铿锵有力，声音洪亮　　　B．吐字清晰，音节完成不黏连
   C．发音标准，普通话标准　　D．吐字均匀，不堆不叠

4. 在下列选项中，关于FABE法则的含义错误的是（　　）。
   A．F代表特征（features）
   B．A代表由这特征所产生的优点（advantages）
   C．B代表这一优点能带给顾客的利益（benefits）
   D．E代表经验（experiences）

5. 不管是在线下卖产品，还是在抖音直播间卖产品，都需要利用（　　）去提升相应产品的转化率。
   A．销售人员（主播）　　　　B．产品核心卖点
   C．话术　　　　　　　　　　D．消费者心理

第 6 章

直播间数据分析与复盘

本章主要讲解直播间如何进行数据分析,厘清直播间人气数据与成交数据之间的逻辑关系,让读者对直播间的各项数据有清晰的认知。

通过本章学习,读者可以通过直播间的数据,分析每场直播的效果,找出直播过程中存在的问题,并具备优化直播数据的能力。

课前预习

熟悉抖音电商直播后台,并回答下列问题:
(1)在抖音直播过程中,都会产生哪些数据?
(2)你认为直播间的哪些数据与成交额息息相关?

6.1 直播间数据分析

直播间数据分析是能够对一场直播进行客观量化分析最直接有效的复盘方法,直播数据可以从多个角度反映直播的效果。直播间数据分析不仅是罗列数据,还要对数据进行比较,并根据这些数据进行深入思考和挖掘。

6.1.1 直播间人气数据

在直播过程中,人气和成交是直播间的两类关键数据(图6-1),两者相辅相成。如果直播间人气数据不好,直播间成交数据也会受到影响。

视频6-1
直播间人气数据

1. 直播间人气数据类型

(1)直播间人气。直播间人气通常指的是直播间的观众人数(图6-2)。主播每次下播后都能看到本场直播的观众人数,在专业的数据分析工具里(如电商罗盘),正常直播的观众人数会被记作累计观看人数。通过累计观看人数可以判断这场直播的人气是否达标。

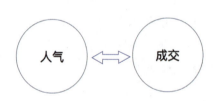

图6-1 直播间的两类关键数据

图6-2 观众人数的算法

① 直播间曝光人数。系统会把直播间通过关注列表、信息流推荐、头像的呼吸灯、直播广场等途径推荐给用户,如图6-3所示。但是用户会不会点击进入直播间,决定权在用户自己手里。这个推荐的曝光量就是直播间曝光人数。

② 直播间点击率。直播间点击率是指直播间曝光给用户后,点击进入直播间的人数和直播间总曝光量之间的比率。直播间点击率计算公式如下:

$$直播间点击率=点击直播间人数 \div 直播间曝光人数 \qquad (6-1)$$

直播间曝光人数是整场直播最前端的数据(图6-3)。如果没有足够的人气数据,就不会有好的转化数据,所以优化直播间曝光量与点击率,是前期非常重要的工作。

(2)直播间用户行为数据。直播间内容的好坏直接影响用户停留行为,系统会根据用户的行为来确定是否继续推荐给同样感兴趣的人群。所以,做好用户行为数据会对直播间人气数据产生很大影响。直播间用户行为数据如图6-4所示。

关注列表　　　信息流推荐　　　头像呼吸灯　　　直播广场

图6-3　直播间曝光人数

图6-4　直播间用户行为数据

① 人均观看时长。每个观众平均观看直播的时长。人均观看时长的计算公式如下：

$$直播间人均观看时长 = 直播时长（秒）\div 观看人数 \quad (6-2)$$

人均观看时长是内容数据中最重要的指标，人均停留时间越长，粉丝黏性越高，转化率就越高。

② 平均在线人数。系统根据每分钟的在线人数进行统计，算出的一个平均值。直播间在线人数是动态变化的，平均在线人数不断增多，说明进入直播间人数大于离开人数，表示直播间内容被观众喜欢。

③ 互动次数。观众与主播互动行为的次数，包括评论、点赞、分享、送礼物等行为。观众互动行为越多，表示主播活跃气氛的能力越强，用户黏性越高。

④ 新增粉丝数。直播间点击关注主播的人数，对于新号来说非常重要。

⑤ 新加团人数。直播间加入粉丝团的人数。

2. 直播间人气数据优化

直播间人气数据之间是相互关联、相互影响的，每一项数据之间都有密切联系。想做好直播间人气数据，就要掌握数据优化的底层逻辑，如图6-5所示。

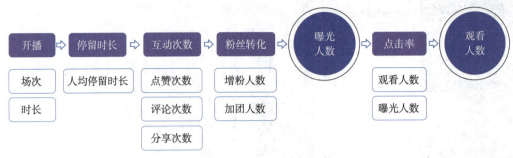

图6-5 直播间各项人气数据之间的逻辑

增加直播间的观看人数,应从提升曝光人数和直播间点击率两方面入手。

直播间的用户行为数据决定了系统是否给直播间推送流量,如果想提升曝光人数,就要综合提升人均停留时长、互动数据、粉丝转化等数据。

影响直播间点击率的因素主要包括粉丝黏性、粉丝推送精准度和直播封面素材等。

要想增加直播间观看人数,需要从首次开播开始,在直播过程中综合提升以上所有数据。

(1)增加开播频次和延长直播时长的方法。如果之前每周二、周四、周六直播,改成周一到周五每天直播;每天直播2小时,改成每天直播6小时。

(2)提升直播间点击率的方法。

① 优化用户预览到直播间时的画面内容,重点关注直播场景搭建、商品摆放技巧、主播镜头距离与穿着,不断替换做测试。

② 优化直播间设备,保证直播画面的清晰度、稳定度、整洁度、色彩曝光度,建议使用专业的相机及灯光设备。

③ 优化直播间声效,应该保证人声清晰、无杂音、无回音、无爆音。

④ 搜索自己的直播间,浏览展现的标题是否有较强的吸引力,提升与直播动态内容的关联度。

(3)延长直播人均停留时长的方法。

① 调整直播排品节奏与商品活动等,适当增加引流款、爆款商品的直播播出时间,完善福利款商品的话术,提升商品吸引力。

② 优化整体直播场景,强化直播间主播、背景的内容影响力,提升整体直播间场景的可看性,可加入主播展示才艺、讲故事等环节,提升直播内容的留人能力。

③ 调整直播节奏,加入高频互动玩法,如福袋抽奖、限时秒杀等,突出本场重点福利信息。

④ 建议提升主播话术的留人能力,提升主播讲解专业度,配合副播、场控强化氛围感,商品的讲解需生动丰富,能够吸引用户停留。

(4)优化直播间互动数据的方法。

① 强化主播话术,通过主播口播互动的形式,带动用户完成评论、点赞、分享、加粉丝群等互动。

② 建议根据商品特点,策划与商品相关的互动小任务,如猜商品价格、报商品尺码

等，进一步让用户了解购物相关信息。

（5）提升粉丝转化的方法。

① 增设粉丝相关的营销活动玩法，如粉丝专享的优惠券仅关注可领取，有效提升关注率。

② 增加主播话术中关注率相关脚本，结合实际使用KT板（活动宣传板）等场景道具。

③ 优化自身商品吸引力，除了主播因素之外，最重要的仍然是好的商品。

（6）优化直播间打赏方法。

① 可尝试以粉丝灯牌为目标，通过搭配粉丝权益做指标提升。

② 建议增加与已送礼用户的互动、娱乐等内容。

6.1.2 直播间成交数据

直播间人气数据属于浅层数据，直播间成交数据属于深层数据。直播间成交数据影响直播间购买人群模型。用户在直播间产生购买行为，系统会继续给直播间推送类似人群流量，这就是直播间的成交模型。

1. 直播间成交数据类型

直播间成交数据是用户购买商品的各项数据指标，包含商品曝光人数、商品点击人数和点击率、直播间成交人数和商品成交转化率、客单价等。

（1）商品曝光人数。商品曝光人数指本场直播累计看到商品的总人数，包括购物车商品卡片、讲解商品卡、闪购商品卡的展示（图6-6）。

（a）购物车内商品卡　　（b）讲解商品卡　　（c）闪购商品卡

图6-6　商品曝光人数

（2）商品点击人数和商品点击率。当观众看到商品以后，点击商品的人会进入SKU页面（图6-7）。点击过这个页面的人数就会被记录下来，这个数据称为商品点击人数；看到商品的人数占比称为商品的点击率。商品点击人数和商品点击率计算公式如下：

$$商品点击人数 = 商品曝光人数 \times 商品点击率 \qquad (6-3)$$

$$商品点击率 = 商品点击人数 \div 商品曝光人数 \qquad (6-4)$$

购物车列表　　　　　　　商品SKU页面

图6-7　商品点击路径

（3）直播间成交人数和商品成交转化率。观众进入商品SKU页面后，会选择自己想要的商品型号，然后进入商品下单页面（图6-8）。点击商品并下单购买商品的人数就是直播间的成交人数；成交人数与商品点击人数的占比，就称为商品成交转化率。

商品SKU页面　　　　　　商品下单页面

图6-8　商品下单路径

直播间成交人数和商品成交转化率计算公式如下：

$$直播间成交人数 = 商品点击人数 \times 商品成交转化率 \quad (6-5)$$

$$商品成交转化率 = 直播间成交人数 \div 商品总点击人数 \quad (6-6)$$

因此，商品成交转化率可以直接影响直播间的成交人数，也可以直接影响直播间的GMV。商品成交转化率和商品质量、商品价格、主播讲解话术等因素有关。主播把商品讲得越好，商品成交转化率就越高。

（4）客单价。每个用户在直播间下单购买的金额都不一样，系统为了判断谁的直播间能够让消费者买到更多的东西、产生更多价值，就会计算直播间里平均每个人消费的金额，这个金额就叫作客单价。客单价计算公式如下：

$$客单价 = 直播间成交金额 \div 直播间成交人数 \quad (6-7)$$

例如，直播间总成交金额是100万元，总成交人数是1000人，那么客单价就是1000元。

视频6-2
直播间成交
数据优化

2. 直播间成交数据优化

直播间人气数据和直播间成交数据是相互关联的，要想提升整场直播的GMV，就要从以下几方面着手（图6-9）。

图6-9　直播间各项成交数据之间的逻辑

（1）提升商品点击率的方法。

① 使用系统提供的正在讲解、限时秒等功能，增加重点商品的曝光与点击机会。

② 通过主播口播话术优化，完善商品卖点话术，同时引导用户点击购物车和商品。主播对商品的讲解应该生动、丰富（包括商品细节、设计、材质等），认真解答用户疑问。

③ 建议提升SKU的调品能力，通过不同商品组合，形成新的SKU，优化商品属性，提升商品性价比。

④ 优化商品展示方式，如现场使用或摆放是否具有美感等，很大程度上会影响客户对于商品的购买欲望。

⑤ 优化购物车信息，如高清的主图、简单明了的标题、卖点/价格优势突出等。

（2）提升商品成交转化率的方法。

① 提升主播的商品专业度，完善对商品卖点的讲解，增加用户对商品信息的全面了解，增加商品转化率。

② 建议设置优惠促销等活动信息，对商品转化率有一定幅度的提升，常见的方式有红包、福袋等。

③ 建议增设直播中的购买演示流程，辅助新用户进入直播间对看中的商品快速下单。

④ 调优直播中的排品逻辑，设置场景消费中的关联商品，提高单用户的重复下单率。

⑤ 建议在直播间强化购物氛围，可展示合适的道具，同步引导用户点赞、关注、下单等，烘托出直播间热闹的购物氛围，提升用户购物兴趣。

⑥ 建议加强与用户购买相关的答疑互动，可让助理或者客服对用户提出的问题进行充分解答，使用户应知尽知，充分了解商品。

（3）提升客单价的方法。

① 建议围绕账号定位、粉丝诉求及主播调性进行选品调整，提升主推款的曝光占比和讲解深度。

② 对商品进行合理组货，调整客单价及性价比，通过提高商品质量及改良包装，提升商品档次，提高商品客单价。

扩展资料6-1
直播数据记录与分析

6.2 直播间数据复盘

直播间数据复盘是整个直播活动中非常重要的一个环节。对于直播效果超过预期计划的直播活动，需要分析与总结每个环节的成功经验，并将之应用于下一次直播策划；对于没有达到预期计划的直播活动，直播团队需要总结出现问题的地方、发生的失误，并讨论分析改进方式，避免在未来的直播活动中再次发生类似情况。

6.2.1 直播间人气数据复盘与优化

直播间数据复盘是直播间团队重要的工作之一。每场直播结束后，直播间团队都要对本场直播数据进行分析，找出问题并优化相关细节。

1. 如何开展直播间数据复盘

在进行直播时，有一个标准工作流程叫作PDCA，即plan（计划）、do（执行）、check（检查）、act（梳理）四步（图6-10）。

数据复盘		
plan（计划）	时间、时长、策划、目标
do（执行）	准备、开播
check（检查）	检查指标、检查任务
act（梳理）	分析原因、总结经验、改进计划

图6-10　PDCA

数据复盘可使用其中的检查和梳理步骤。检查是指在直播结束之后,检查各项目标或任务的完成度。梳理分析原因,总结经验,做下一场直播的改进计划。

(1)直播数据复盘整体逻辑。在复盘直播间数据时,首先要搞清楚直播间各项数据的整理逻辑(图6-11)。

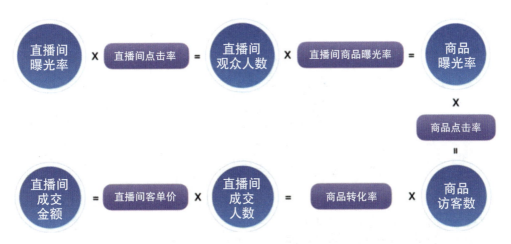

图6-11 直播数据贯穿图

直播间观众人数、商品曝光率、商品访客数、直播间成交人数以及直播间成交金额的计算公式如下:

$$直播间观众人数 = 直播间曝光率 \times 直播间点击率 \tag{6-8}$$

$$商品曝光率 = 直播间观众人数 \times 直播间商品曝光率 \tag{6-9}$$

$$商品访客数 = 商品曝光率 \times 商品点击率 \tag{6-10}$$

$$直播间成交人数 = 商品访客数 \times 商品转化率 \tag{6-11}$$

$$直播间成交金额 = 成交人数 \times 直播间客单价 \tag{6-12}$$

在直播结束后,运营人员需要统计本场直播的各项重点数据,并汇总成表格(图6-12)。

开播时间	播时长(分钟)	停留时长	点赞量	评论量	转发量	互动次数	增粉人数	增粉率(%)	加团人数	直播间曝光人数	直播间曝光点击率(%)	直播间观看人数
		人均观看时长:直播间内观众在直播间的平均时长				点赞量+评论量+转发量						
4月1日	126	3.6	43456	5464	387	49307	387	0.42	12	787492	11.84	93234

商品曝光率	直播间商品曝光人数	商品点击率(%)	商品点击人数(%)	商品转化率	直播间成交人数	直播间客单价(元)	成交金额(元)
商品曝光人数/直播间观看人数	直播间内累计看到商品展示的人数,包含购物车内商品卡片、直播间讲解商品卡、直播间闪购商品卡的展示	商品点击人数/商品曝光人数	直播间商品被点击人数	直播间成交人数/商品总点击人数	商品总点击人数×点击转化	直播间的成交金额/直播间的成交人数	直播间成交人数×客单价
74942	80594	92.30	74392	16.87	12547	769.37	9653255.00

图6-12 直播间人气数据和成交数据

整场直播的所有数据会在电商罗盘里以数据漏斗的形式呈现出来,自动统计出各环节的转化率(图6-13)。

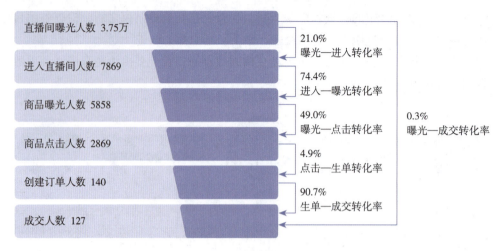

图6-13 直播数据漏斗

（2）转化漏斗分析。在直播数据漏斗中，每一层数据都需要进行复盘和优化。直播转化漏斗优化重点（图6-14）包括以下方面：

① 直播间曝光人数优化重点。开播场次、开播时长、场景布置、主播能力。

② 直播间观看人数优化重点。曝光点击率（直播预告、直播封面、直播标题）。

③ 直播间商品曝光人数优化重点。商品曝光率（场景布置、选品排品策略、主播讲解话术）。

④ 商品点击人数优化重点。商品点击率（场景布置、选品排品策略、主播讲解话术）。

⑤ 商品成交人数优化重点。商品转化率（选品策略、活动力度、促单话术、场景布置）。

⑥ 成交金额优化重点。客单价（选品组品策略、主播话术）。

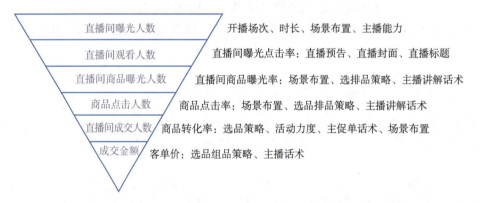

图6-14 直播转化漏斗优化重点

直播间数据复盘就是对直播后的数据进行对比、总结和归因，了解直播间成交漏斗的各项数据，掌握直播中每个环节的优化方法，并且要及时有效地进行数据记录，综合验证改进方法是否有效。

2. 如何提升直播间曝光率

直播间曝光率是直播中重要的数据之一，甚至比直播间人气数据和平均在线人数还要重要。这其中的核心逻辑就是平台推荐直播间产生的数据，永远都是曝光率。是否进入直播间，决定权在观众手中。所以平台算法能做的就是提升直播间的曝光率，那么如何才能提升这项数据呢？具体操作方法如下：

（1）分析数据。借助第三方数据分析工具（如禅妈妈、飞瓜数据等），对同类目直播数据进行分析，了解该类目整体情况，如实时观众人数、带货直播间数量、商品上架数量、流量竞争度等（图6-15）。对于新直播间来说，应尽量找流量高、竞争相对较小的时段进行直播。

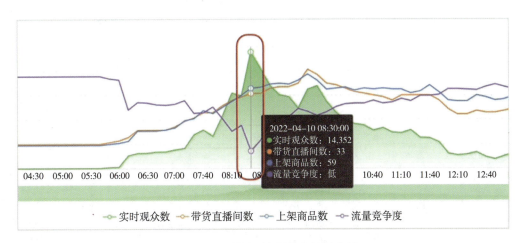

图6-15　同类目下直播数据情况分析

（2）延长停留时长。在直播数据复盘数据表中，当蓝线（表示进入直播间人数）高于黄线（表示离开直播间人数）时（图6-16），说明此刻的粉丝停留数据较好。回放该时间段前的1分钟高光时刻，对当时的售卖产品、直播话术、主播状态、活动内容等进行分析并总结经验。

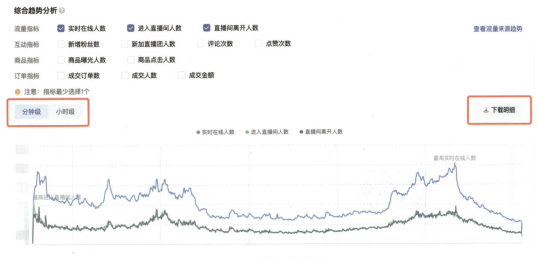

图6-16　停留时长复盘

（3）增加互动次数。分析整场直播数据，找出互动次数（评论次数、点赞次数）最高的1分钟进行回放（图6-17），分析这1分钟上了什么产品、做了什么活动、主播的话术是什么，并总结经验。

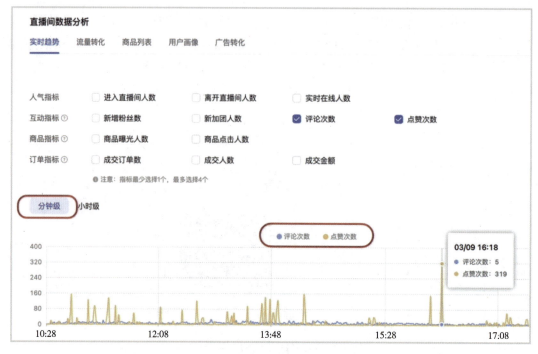

图6-17 互动数据复盘

（4）优化转化粉丝数。分析整场直播数据，找出粉丝人数和粉丝团人数增长最快的时段进行回放（图6-18），分析这1分钟主播的话术和行为，并总结经验。

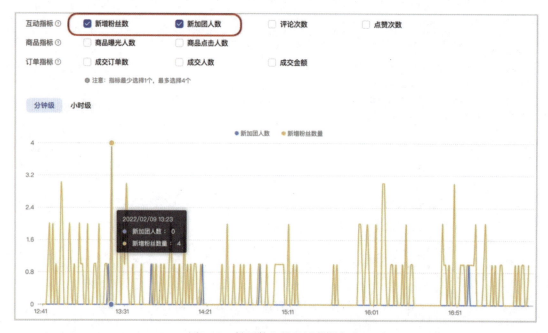

图6-18 粉丝数和粉丝团数据复盘

（5）总结复盘经验，利用数据验证改进结果。这里介绍一个工具，它分上、下两部分，上面部分是直播曝光效果复盘（图6-19），下面部分通过两场直播数据对比验证复盘优化效果。

直播曝光效果复盘						
分析\总结	分析一：停留时长分析		分析二：点赞评论次数分析		分析三：粉丝转化分析	
	高光分析	负面分析	高光分析	负面分析	高光分析	负面分析
归因总结	这一时段有嘉宾加入也做了一个福利	嘉宾离开没有做后续福利强调	嘉宾放袋前让观众点赞到5万	超过3分钟没有强调观众互动	粉丝团福袋	无
优化建议	保持不变	嘉宾离场后立刻做下一个福袋预告	保持不变	提高主播强调刷频的话术	保持不变	无
通过两场直播数据对比验证复盘优化效果						
数据类型\直播场次	停留时长（分）	点赞量	评论量	增粉人数	加团人数	直播间曝光人数
本场数据	3.6	84352	4825	243	165	424842
下一场数据	4.5	122435	6487	310	134	697632
优化结果	0.9	38083	1662	67	-31	272790

图6-19 直播曝光效果复盘示例

① 直播曝光效果复盘。分别从停留时长分析、点赞评论次数分析、粉丝转化分析三方面进行高光分析和负面分析，从中归因总结，并设定优化建议。

② 通过两场直播数据对比验证复盘优化效果。利用数据分析验证优化的效果，然后总结经验、找到问题，帮助做下一场直播的优化。

3. 如何提升直播间观众人数

前面已经详细介绍了提升直播间曝光率的方法，下面介绍如何提升直播间观众人数。

（1）查看直播间流量来源。直播间流量来源有多个渠道（图6-20）。其中，免费渠道有推荐feed、关注页、短视频等，付费渠道有巨量千川、小店随心推等。首先要分析直播间流量来源渠道占比，然后有针对性地优化流量来源。

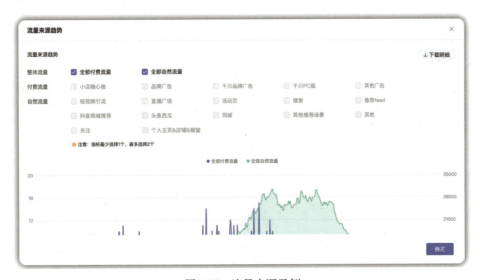

图6-20 流量来源示例

（2）分析流量入口优化点。直播间常见的四个流量入口分别是关注页、推荐feed、短视频引流和直播广场（图6-21）。

（a）关注页　　　　（b）推荐feed　　　　（c）短视频引流　　　　（d）直播广场
头像和昵称　　　直播的标题和场景　　　视频内容质量　　　直播广场的封面

图6-21　流量入口

① 关注页。通过关注页进入直播间，通常是通过账号头像的呼吸灯进入。可优化的地方分别是头像和昵称，可以在昵称中加入开播时间或直播关键字。

② 推荐feed。推荐feed即信息流推荐，在用户刷视频的时候可以刷到直播间，此时展现给用户的是直播的标题和场景，所以优化这两点是推荐feed的重点。

③ 短视频引流。提升短视频内容质量，让用户看完视频内容后，对直播间产生兴趣，并进入直播间。

④ 直播广场。直播广场的封面是吸引用户进入直播间的重要因素。

（3）优化直播标题。一个好的直播标题会在用户浏览推荐feed内容时，吸引用户的注意力；好的标题可以提升直播间的点击率。优化标题有以下三种方式（图6-22）：

标题抓注意力

1　　　　　　　**2**　　　　　　　**3**

利用直播间利益点　　利用品牌、名人效应背书　　利用产品卖点价值
S级乳胶枕99元　　　××品牌超级捡漏　　　胖妞也可以拥有大长腿
夏季帅气T恤5折　　　××明星推荐南昌拌粉　　换上这身衣服让你立刻脱单

图6-22　标题优化技巧

① 利用直播间利益点编写标题。

例如，S级乳胶枕99元，其中"S级"突出产品特性，"99元"突出利益点；夏季帅气T恤5折，其中"帅气T恤"突出卖点，"5折"突出利益点。

② 利用品牌、名人效应背书编写标题。

例如，××品牌超级捡漏、××明星推荐南昌拌粉。

③ 利用产品卖点价值编写标题。

例如，胖妞也可以拥有大长腿，换上这身衣服让你立刻脱单。

（4）优化直播场景。好的直播场景是延长用户停留时间的关键（图6-23）。利用场景吸引用户的注意力，可以通过以下三个方面优化：

① 场景悬挂标题。在场景中用A4纸或KT板制作价格标签、卖点标签等。

② 产品前置。把产品放在画面最前端，在主播不出镜的情况下配合标题使用。

③ 背景氛围烘托。利用绿幕抠像、仓库、原产地、工厂等场景烘托氛围，给人以真实可靠的感觉。

（a）场景悬挂标题　　（b）产品前置　　（c）背景氛围烘托

图6-23　直播场景示例

（5）筛选引流效果好的短视频。通过电商罗盘对发布的短视频进行数据分析（图6-24），可以挑选点击率较高的视频进行翻拍或升级，然后发布。

优化直播间引流视频要注意以下三个方面：

① 要求和产品高度相关。

② 产品卖点利益要突出。

③ 视频贴近直播间效果。

（6）总结复盘经验，利用数据验证改进效果。在复盘和优化直播间数据的过程中，一定要做好数据记录（图6-25），利用数据验证改进效果是非常直接有效的。在对单场直播进行优化的时候，建议遵循AB test原则，即尽量保持只有1个变量在变化，其他变量尽量不要改变。

短视频引流						
短视频	投稿时间	短视频直播入口曝光次数	短视频引流直播间次数	短视频直播入口点击率（次数）	操作	
成长就是妥协与坚持的两难#高级感穿…	2022/08/06 15:00	918	47	5.12%	详情	
有趣的人生就要一路撒野狂奔##高级…	2022/08/06 14:30	1,791	104	5.81%	详情	
今天不走的话 明天就要跑#重庆 #穿…	2022/08/06 13:30	529	25	4.73%	详情	
独行的人总会遇到有趣的人#谁穿谁好…	2022/08/06 08:30	5,884	224	3.81%	详情	
希望你的底色一直是善良和勇敢#穿搭	2022/08/06 07:30	316	6	1.90%	详情	
嗨购一夏 为你而来#买手店 #折扣商品	2022/08/05 14:01	1,607	80	4.98%	详情	
永远简单又真诚#白色控 #牛仔阔腿裤…	2022/08/05 11:30	294	11	3.74%	详情	
日子平淡 好在喜欢 #辣妹 #白色系	2022/08/05 10:30	89	1	1.12%	详情	
也许不完美 但我一直做自己#服装人	2022/08/05 08:30	88	1	1.14%	详情	
分享今日好心情啦#穿搭 #只做高品质…	2022/08/05 07:30	368	11	2.99%	详情	

图6-24　短视频数据示例

头像和昵称　直播标题和场景　视频内容质量　直播广场封面

AB test 原则：尽量保持只有1个变量在变化，其他变量尽量不要改变

开播时间	开播时长（分钟）	停留时长 人均观看时长：直播间中观众在直播间的平均时长	点赞量	评论量	转发量	人气相关		增粉人数	加团人数	直播间曝光人数	直播间曝光点击率	直播间观看人数
						互动次数						
						点赞量+评论量+转发量						
4月1日	126	3.6	43456	5464	387	49307		387	12	787492	11.84%	93234

图6-25　数据复盘数据记录图示

6.2.2　直播间成交数据复盘与优化

要想提升直播间成交数据，就要学会分析商品成交相关数据，利用公式倒推哪个环节出现了问题，找到问题所在并进行有针对性的优化。

1. 如何提高直播间商品点击人数

提升商品点击人数，应从商品曝光人数和商品点击率等方面入手。

（1）查看每个时间段的商品曝光人数。通过电商罗盘的直播明细，查看最近一场直播详情，找到进入直播间人数、商品曝光人数、商品点击人数的实时趋势（图6-26）。

① 当3条线相距紧密时，说明进入直播间的大部分用户都看到了商品，且大部分用户点击查看了商品。

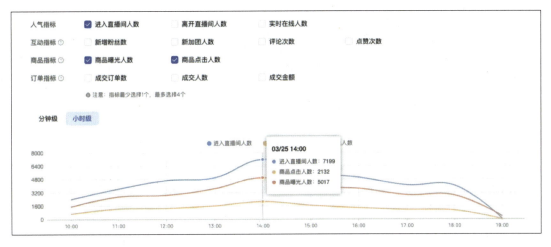

图6-26 直播明细数据

② 当3条线相距较宽时，说明进入直播间的用户中只有一小部分点击查看了商品。

由此可见，3条趋势线相距越紧密数据越好，相距越宽数据越不好。

（2）优化直播间的排品策略。直播间流量大致可以分为流量增长期、流量高峰期、流量回落期三个阶段，每个阶段的排品策略是不同的（图6-27），合适的排品策略会影响商品的曝光人数和点击人数。对于直播间主推商品，一定要在流量最大的时候上架，这样才能提高转化率。

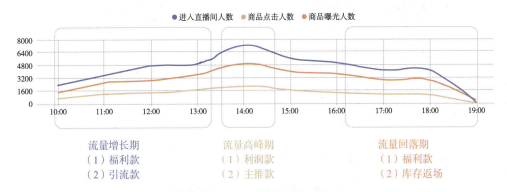

图6-27 不同阶段的排品策略

① 在流量增长期，可以用福利款、引流款把用户留下来，延长人均观看时长，增加平台在线人数，留人效率越高，就能越快进入流量高峰期。

② 在流量高峰期，主推利润款和主推款，以实现整场直播的利润创收。

③ 在流量回落期，可以上一些福利款活跃直播间氛围，检查有库存的商品再次上架，做库存返场销售。

（3）增加商品曝光动作。在直播的过程中，商品的曝光有四个渠道，即商品闪购、发券、讲解和上架购物车。这四个渠道使用频率越高，商品的曝光率就越大。所以，要根据数据增加上架、讲解以及发券的频率（图6-28）。

图6-28 增加闪购、发券、讲解、上架的频率

（4）优化主播话术与营销策略，提升商品点击率。在商品上架、发券的时候，补充或优化主播话术，可以激发用户对商品的点击欲望，提升商品点击率。

① 发出指令+制造紧迫感（图6-29）。

促单话术：发出指令+制造紧迫感

"不用想，直接拍，只有我们这里有这样的价格，往后只会越来越贵。"
"今天的优惠数量有限，只有100个，已经卖出去了50个，只剩下50个了，卖完就没有了！"
"还有最后3分钟，没有买到的家人们赶紧下单、赶紧下单。时间到了我们就下架了。"

图6-29 发出指令+制造紧迫感案例

② 反复强调+给出理由（图6-30）。

促单话术：反复强调+给出理由

"家人们，我们这次活动的优惠力度是今年最大的了，现在拍能省100元，直播间还赠送一个价值80元的赠品，这个赠品也非常好用。喜欢的家人们直接拍。"

图6-30 反复强调+给出理由案例

2. 如何提升直播间成交金额

直播间成交金额是整场直播的最终效果数据，与其相关的数据有成交人数、客单价、点击人数、转化率等。

（1）优化直播间话术，提高商品转化率。商品转化率数据包括两个方面：一方面是选品的结果，产品质量、价格等因素在很大程度上影响了转化率；另一方面，商品转化率和主播话术、直播间场景氛围也有关系。不断优化主播的话术，可以在一定程度上提高商品转化率。

主播话术可以从提出痛点、放大痛点、引入产品、提升高度、降低门槛五个方面进行优化（图6-31）。在直播的不同阶段使用不同技巧，形成完整的讲解话术，最终提高商品转化率。

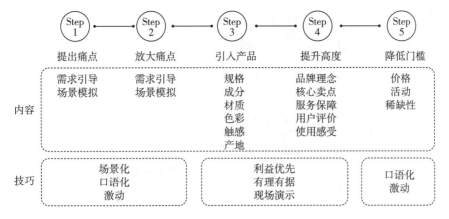

图6-31 主播话术优化技巧

（2）优化组品策略，提高成交客单价。

① 引流款+主推款。利用引流款快速拉动直播间人气，当人气达到高峰时，推出利润款增大利润款曝光，从而实现利润款的销量提升。

举例：使用"6条毛巾只需19.9元"做引流，等人气比较高的时候，推出利润款电动牙刷（图6-32）。

引流款：毛巾　　　　利润款：电动牙刷

图6-32 引流款+主推款示例

话术：原价59元6条的毛巾，今天在直播间只需19.9元。而且今天19.9元拍下毛巾的宝宝，还可以领一张价值100元的电动牙刷的优惠券。原价399的电动牙刷，今天只需299就可以带回家，仅限20份，3，2，1上链接。

② 主推款+补充款。通过主推款的卖点来吸引用户，在讲解时搭配补充款一起讲解，强调用户对补充款的购买需求，刺激用户一起下单，从而提升客单价。

举例：在讲解电动牙刷的充电时长、防水、清洁度等卖点的同时，引出刷头，通过价格刺激用户购买（图6-33）。

话术：我们原价399的电动牙刷今天只需299元！如果你现在再加10元，就能换到原价99元的10个刷头。

③ 主推款+关联款。通过主推款的卖点来吸引用户，在人气高峰时推出关联款，强调用户对关联款的购买需求，刺激用户一起下单，从而提升客单价。

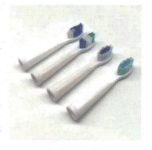

主推款：电动牙刷　　　　　　补充款：刷头

图6-33　主推款+补充款示例

举例：通过电动牙刷卖点吸引用户，提醒用户给自己买电动牙刷的时候，不要忘了家里的宝宝，宝宝更需要关注牙齿健康。给出一个搭配销售优惠的价格，提升客单价（图6-34）。

主推款：电动牙刷　　　　　　关联款：儿童电动牙刷

图6-34　主推款+关联款示例

本章总结

直播间数据分为人气数据和成交数据，其中人气数据是成交数据的前提和保障。

直播间人气数据之间是相互关联、相互影响的，每一项数据之间都有密切联系。要想做好直播人气间数据，就要掌握数据优化的底层逻辑。

直播用户行为数据：当用户进入直播间后，直播间内容的好坏会直接影响用户停留行为。系统会根据用户对内容的行为来确定是否继续推荐给同样感兴趣的人群。所以，做好用户行为数据会对直播间人气数据产生很大影响。

直播间成交数据是用户购买商品的各项数据指标，包含商品曝光人数、点击人数和点击率、成交转化率、客单价等。

直播间数据复盘是直播团队重要的工作之一。每场直播结束后，直播间团队都要对本场直播数据进行分析，找出问题并优化相关细节。在进行直播时，有个标准工作流程叫作PDCA，即plan（计划）、do（执行）、check（检查）、act（梳理）四步。

> 直播间的曝光率是直播中重要的数据之一，甚至比直播间人气数据和平均在线人数还要重要。其核心逻辑就是平台推荐直播间产生的数据，即曝光率。是否进入直播间，决定权掌握在观众手中。
>
> 商品点击人数＝商品曝光人数×商品点击率。增加商品点击人数，应从商品曝光人数和商品点击率两方面入手。直播间成交金额是整场直播的最终效果数据，与其相关的数据有成交人数、客单价、点击人数、转化率等。

6.3　上机练习

6.3.1　上机练习一　直播数据收集

1．训练的技能点

（1）对直播数据的认识。

（2）对直播间数据的收集能力。

2．需求说明

通过"××粮油旗舰店"电商罗盘中的直播数据，使用直播间数据分析工具表对3场直播数据进行收集，形成表格文档。

6.3.2　上机练习二　直播数据优化

1．训练的技能点

（1）对直播前工作准备流程的掌握。

（2）对直播中相关知识的运用能力。

2．需求说明

通过"××粮油旗舰店"3场直播数据，分析该直播间下一场直播需要优化哪些数据，可通过哪些方式优化，并形成文档。

6.4　巩固练习

6.4.1　填空题

1．直播间用户行为数据包含_____、_____、_____、_____。

2．直播间观看人数计算公式：_____。

3．直播间成交人数计算公式：_____。

4. 提高直播间曝光人数需要从_____、_____、_____、_____四个方面依次优化。

5. 增加直播间商品点击人数，需要从_____和_____两个方面着手。

6.4.2 选择题

1. 在下列选项中，不属于直播间人气数据的是（   ）。
   A．人均观看时长　　　　　　　B．商品转化率
   C．互动次数　　　　　　　　　D．新增粉丝数

2. 在下列选项中，不计算互动次数的是（   ）。
   A．点赞次数　　　　　　　　　B．评论次数
   C．分享次数　　　　　　　　　D．下单数

3. 在下列选项中，对增加直播间观看人数没有直接作用的是（   ）。
   A．优化直播标题　　　　　　　B．优化直播场景
   C．优化短视频内容　　　　　　D．优化商品排品

4. 在下列选项中，对增加直播间成交金额没有直接作用的是（   ）。
   A．优化直播间话术　　　　　　B．提升客单价
   C．增加点击人数　　　　　　　D．增加成交人数

5. 在下列选项中，不属于优化组货策略提升客单价的有效办法的是（   ）。
   A．引流款+主推款　　　　　　B．主推款+补充款
   C．主推款+关联款　　　　　　D．主推款+形象款

第 7 章

抖音小店入驻与设置

本章主要介绍抖音小店入驻、设置、售卖等功能的使用方法,让读者掌握抖音小店入驻、装修、商品上架、营销设置的全流程。

通过本章学习,读者可以清楚地知道抖音小店的入驻及使用方法,更轻松地完成店铺搭建。

课前预习

熟悉抖音小店,并回答以下问题:
(1)抖音小店有哪些功能?
(2)抖音小店有哪几种店铺类型?

7.1 抖音小店入驻

抖音小店（简称抖店）是抖音直播电商必备工具之一，也是抖音电商运营的核心。作为新手商家，如何快速入驻抖音小店，需要准备哪些资料，前期需要投入多少资金，入驻流程是什么，这些在本节都会一一讲解。

视频7-1
什么是
抖音小店

7.1.1 抖音小店的概念

抖音小店是抖音电商为商家提供电商服务的平台，旨在帮助商家拓宽变现渠道，提升流量价值。店铺是商家在抖音上进行电商活动的主要载体，是消费者购买商品，完成下单购买的载体，是商品与活动信息的集合，是消费者获取商家服务的窗口。

1. 抖音小店的定位和产品能力

（1）一站式经营。开通抖音小店后，商家可以从内容到数据再到服务全方位实现商品交易、店铺管理、售前/售后履约、与第三方服务市场合作等全链路的生意经营。

（2）多渠道拓展。开通抖音小店后，商家可以通过抖音、今日头条、西瓜、抖音火山版等渠道进行商品分享，一家小店，多条售卖渠道。

（3）双路径带货。双路径带货主要包括商家自带和达人带货。

① 商家自营。抖音小店商家可实现在平台的持续经营，可通过自播实现生意的新增长。

② 达人带货。商家在抖音小店可以自播带货，也可以申请加入精选联盟，邀请平台达人帮助带货。

（4）开放式服务（与第三方服务市场合作）。抖音小店连同第三方服务市场，可助力商家在商品管理、订单管理、营销管理、客服等全经营链路实现效率提升。

2. 抖音小店的版本

（1）抖音电商。全部类目均开放招商，具有丰富、全面的优质商品，商家可以在抖音App和抖音极速版App展示商品，可以直播和短视频带货，进行广告投放，经营工具更加全面、多样（图7-1）。

（2）抖音极速版电商。拥有海量活跃用户，着眼下沉市场，为消费者带来高性价比产业带源头好货。针对中小商家设立更宽松的经营要求，提供简单易上手的经营工具，助力商家轻松经营，适合不擅长经营内容场景但有丰富的货架场经验的商家以及偏中小规模的商家，有丰富的高性价比、产业带类型货源。

（3）抖音电商和抖音极速版电商的区别（图7-2）。

① 功能差异。抖音电商功能更为丰富，支持品牌入驻、线上店铺搭建、直播带货等多项功能。抖音极速版则更加精简，主要提供商品浏览、购买等基础电商功能。

② 操作方式不同。由于功能设置的不同，抖音电商需要商家在后台进行店铺设置、商品添加等操作，需要一定的技术门槛。抖音极速版则更接近于普通电商平台，商家只需

要上传商品信息即可。

图7-1 抖音电商

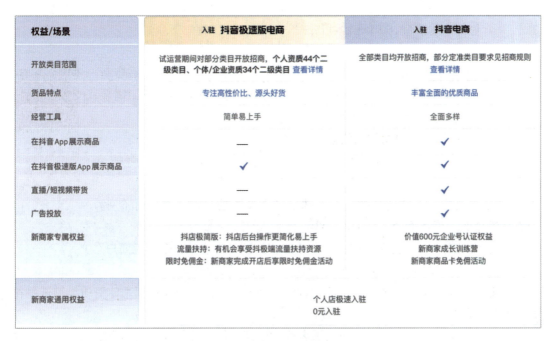

图7-2 抖音电商和抖音极速版电商的区别

③ 用户使用群体不同。抖音电商主要面向品牌商家和大型商家，注重品质和服务。抖音极速版主要面向中小商家，更注重流量和销量。

④ 收费方式不同。抖音电商在入驻和使用过程中需要向平台支付一定的服务费，同时需要缴纳保证金。抖音极速版则没有这些限制，商家可以免费使用。

3. 商家和达人、抖音小店和抖音号的区别

（1）商家和达人的区别。

① 商家，又称抖店商家，支持拥有个体户、企业营业执照的商家及自然人入驻。

② 达人，又称电商达人、带货主播、电商作者、电商主播。电商权限是指达人拥有的带货权限，即达人的商品分享权限。拥有电商权限就有能在字节跳动部分平台上进行联盟商品售卖的权力。现阶段实现电商功能的平台包括抖音、火山视频、西瓜视频、今日头条、皮皮虾。不过不同平台的电商权限并不是打通的，各自有各自的权限实现方案。

（2）抖音小店和抖音号的区别。

① 抖音小店是一站式商家生意经营平台，实现商品交易、店铺管理、售前/售后履约、与第三方服务市场合作等全链路的生意经营，为商家提供全经营链路服务，帮助商家长效经营、高效交易，实现生意的新增长。

② 抖音号分为抖音普通号和抖音企业号。其中，抖音普通号是指自然人在抖音上注册的个人账号。注册抖音普通号，可以在站内分享拍摄的短视频作品，也可以进行直播带货。抖音企业号是指企业商家在抖音上做生意的一站式经营平台。在企业商家注册抖音企业号后，抖音为其提供蓝V标识以及用户洞察、粉丝触达、转化工具等方面的培训指导，帮助企业更好地经营用户，并通过持续地经营和深化企业与用户的关系，从而实现品牌、销量等商业价值的持续成长。

7.1.2 抖音小店入驻相关规定

不论是企业、个体工商户还是个人都可以入驻抖音小店，但所需资料不同。不同类目入驻抖音小店，所需要交的保证金也不同。企业除了需要交纳基础保证金，还需要交纳阶梯技术服务费。

扩展资料7-1
抖音小店
入驻与操作

1. 抖音小店入驻主体及店铺类型

（1）入驻主体类型。抖音小店入驻主体分为企业公司、个体工商户、个人身份三种类型。

① 企业公司：有营业执照，营业执照"类型"处显示"**公司/企业/个人独资企业"等，负责人字段为"法定代表人"。

② 个体工商户：有营业执照，营业执照"类型"处显示"个体工商户"。

③ 个人：无营业执照，以个人身份开店。

注意：主体类型一旦选择，认证后就无法修改，因此一定要根据主体资质类型选择符合要求的主体类型。

（2）店铺类型。为规范平台内店铺名称的申请、修改等行为，给用户提供更加优质的体验，抖音小店划分了四种店铺类型：旗舰店、专卖店、专营店、普通店铺。

① 旗舰店：仅凭企业营业执照可开通，经营多个自有品牌或1个一级独占授权品牌。

② 专卖店：仅凭企业营业执照可开通，只经营1个授权品牌。

③ 专营店：仅凭企业营业执照可开通，店铺内至少1个类目下同时拥有2个或多个品

牌（授权品牌或自有品牌均可）。

④ 普通店：个人、企业、个体工商户均可开通，无须提供品牌资质。

2. 抖音小店入驻资料与流程

（1）企业公司。企业公司入驻抖音小店，需准备的资料有营业执照、法人身份证、对公账户、商标注册证号、商标授权书等（图7-3）。不同类型的企业公司资料要求略有不同，可登录抖音小店官网查询。

视频7-2
抖音小店入驻流程

① 主体资质：营业执照、法定代表人身份证件。

② 品牌资质：如经营授权品牌，须提供授权文件等资质材料。

③ 行业资质：商家经营该行业必须拥有的资质证件，如食品经营许可证、食品生产许可证、化妆品生产许可证等（经营部分类目时需提供）。

资质列表	详细描述
营业执照 查看示例	1. 需提供三证合一的营业执照原件扫描件或加盖公司公章的营业执照复印件 2. 确保未在企业经营异常名录中且所售商品在营业执照经营范围内 3. 距离有效期截止时间应大于15天 4. 须露出证件四角，请勿遮挡或模糊，保持信息清晰可见 5. 新办理的营业执照，因国家市场监督管理总局信息更新有延账，建议办理成功后至少等待7个工作日后再入驻 6. 若营业执照的公司名称为星号或空白等，不支持入驻，须先前往工商局添加公司名称 7. 图片尺寸为800*800px以上，支持PNG、JPG和JPEG格式，大小不超过5MB
身份信息	1. 根据身份归属地，提供相应的经营者身份证件 　（1）中国内地（大陆）：须提供二代身份证的正反面照片 　（2）中国香港/澳门/台湾：须提供港澳居民来往内地通行证或台湾居民来往大陆通行证的正反面照片 　（3）海外：须提供护照首页照片 2. 提供有效期限范围内的证件，且证件须露出四角，请勿遮挡或模糊，保持信息清晰可见 3. 图片尺寸为800*800px以上，支持PNG、JPG和JPEG格式，大小不超过5MB
账户验证	1. 支持实名认证和打款验证两种：法人/经营者为中国身份证的个体工商户默认实名认证、企业可自由选择；非中国身份证仅支持打款验证 2. 实名认证：填写经营者/法人个人名下银行卡号，输入银行预留手机号，填写验证码即可验证 3. 打款验证：填写企业对公银行卡号、开户银行、开户支行的所在地及名称，输入平台给该账户的打款金额即可验证

资质列表	详细描述
自有品牌	1. 经营自有品牌、授权品牌或既经营授权品牌又经营自有品牌 2. 自有品牌需提供商标注册证号，商标注册证右上角编号即为商标注册号，或通过商标局官网查询商标注册号 （示例图）
授权品牌	1. 经营自有品牌、授权品牌或既经营授权品牌又经营自有品牌 2. 授权品牌需提供由商标权利人为源头授权到开店主体的完整授权关系文件/授权书；已经注册的商标（R标），或申请时间满六个月且无驳回复审的TM标 3. 若商标权利人为自然人，需提供商标权利人亲笔签名的身份证正反两面复印件 4. 授权剩余有效期至需大于6个月 5. 授权文件中需包含：授权方、被授权方、授权品牌、授权期限等；具体请查看品牌授权模板

图7-3　企业公司入驻资料

④ 店铺信息：包括店铺名称、店铺Logo等。

⑤账户验证:法定代表人个人银行账户信息或对公账户信息。

(2)个体工商户。个体工商户入驻抖音小店,需准备的资料(图7-4)具体如下。

①主体资质:营业执照、经营者身份证件。

②品牌资质:个体工商户开店时没有品牌资质要求。但部分类目创建商品时,需提供品牌相关资质。

③行业资质:商家经营该行业产品必须拥有的资质证件,如食品经营许可证、食品生产许可证、化妆品生产许可证等(经营部分类目时需提供)。

资质列表	详细描述
营业执照 查看示例	创建商品时才需提交: 1. 需提供三证合一的营业执照原件扫描件或加盖公司公章的营业执照复印件 2. 确保未在企业经营异常名录中且所售商品在营业执照经营范围内 3. 距离有效期截止时间应大于15天 4. 须露出证件四角,请勿遮挡或模糊,保持信息清晰可见 5. 新办理的营业执照,因国家市场监督管理总局信息更新有延迟,建议办理成功后至少等待7个工作日后再入驻 6. 若营业执照的公司名称为星号或空白等,不支持入驻,须先前往工商局添加公司名称 7. 图片尺寸为800*800px以上,支持PNG、JPG和JPEG格式,大小不超过5MB

身份信息	1. 根据身份归属地,提供相应的经营者身份证件
	  (1)中国内地(大陆):须提供二代身份证的正反面照片
	  (2)中国香港、澳门/台湾:须提供港澳居民来往内地通行证或台湾居民来往大陆通行证的正反面照片
	  (3)海外:须提供护照首页照片
	2. 提供有效期限范围内的证件,且证件须露出四角,请勿遮挡或模糊,保持信息清晰可见
	3. 图片尺寸为800*800px以上,支持PNG、JPG和JPEG格式,大小不超过5MB

账户验证	可以通过人脸识别完成验证,需要营业执照中经营者本人进行验证

图7-4 个体工商户入驻资料

④店铺信息:包括店铺名称、店铺Logo等。

(3)个人入驻资料(图7-5)。

资质列表	详细描述
身份信息	1. 仅支持中国二代身份证入驻,须提供经营者二代身份证的正反面照片 2. 提供有效期限范围内的证件,且证件须露出四角,请勿遮挡或模糊,保持信息清晰可见 3. 图片尺寸为800*800px以上,支持PNG、JPG和JPEG格式,大小不超过5MB
账户验证	可以通过人脸识别完成验证,需要经营者本人进行验证

图7-5 个人入驻资料

①主体资质:经营者身份证件。

②品牌资质:如经营授权品牌,须提供授权文件等资质材料。

③店铺信息:如店铺名称、店铺Logo等。

(4)入驻流程。抖音小店入驻流程如图7-6所示。

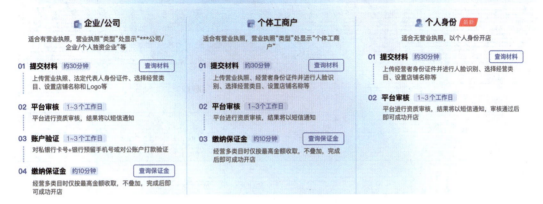

图7-6 抖音小店入驻流程

3. 抖音小店的入驻费用

（1）保证金。保证金是指商家向平台缴存，用于保证平台规则和平台协议的履行以及担保商品与服务质量的款项。保证金包含基础保证金和浮动保证金。

① 基础保证金。基础保证金由店铺主体类型和经营类目共同决定。店铺经营多类目时，基础保证金取店铺经营类目的保证金最大值。部分类目基础保证金见表7-1。

视频7-3
抖音小店的
入驻费用

表7-1 部分类目基础保证金

经营大类	一级类目	二级类目	三级、四级类目	基础保证金（元）			
				个体	企业	个人（2023年3月1日后开通）	个人（2023年之前历史商家）
服饰内衣	服饰配件/皮带/帽子/围巾	全部	全部	2000	4000	2000	2000
	男装	羽绒服	全部	50000	50000	—	—
		短裤	全部	2000	4000	2000	2000
		其余类目	全部	2000	4000	2000	2000
	女装	全部	全部	2000	4000	2000	2000
		羽绒服	全部	50000	50000	—	—
鞋靴箱包	女鞋	全部	全部	2000	4000	2000	2000
	箱包	全部	全部	5000	10000	5000	5000
	男鞋	全部	全部	2000	4000	2000	2000

（续表）

经营大类	一级类目	二级类目	三级、四级类目	基础保证金（元）			
				个体	企业	个人（2023年3月1日后开通）	个人（2023年之前历史商家）
食品饮料	粮油米面/南北干货/调味品	全部	全部	5000	5000	—	—
	零食/坚果/特产	全部	全部	5000	5000	—	—
	咖啡/麦片/冲饮	全部	全部	5000	5000	—	—
	茶	全部	全部	5000	5000	—	—
	食品卡券	全部	全部	200000	200000	—	—

②浮动保证金。浮动保证金由店铺上月在线支付订单的销售情况决定，每月1日根据店铺上个月在线支持订单GMV计算浮动保证金应缴金额，每月2日按照表7-2的标准调整对应的应缴保证金金额。

表7-2 浮动保证金调整标准

过去30日在线支付订单GMV（万元）	浮动保证金（元）
[0，5）	0
[5，10）	3000
[10，50）	5000
[50，+∞）	20000

【案例7-1】小李经营了一家女鞋店，刚开始入驻经营需要缴纳2000元（女鞋基础类目保证金为2000元，浮动保证金为0元，取高2000元）。经营1个月后，销售额非常可喜，1个月卖了30万元的GMV，次月2日平台会计算浮动保证金，次月店铺保证金应缴5000元（基础类目保证金2000元，浮动保证金对应5000元，取高5000元）。

（2）技术服务费。平台技术服务费以"消费者实付金额（含运费）+主播优惠券/红包金额+平台优惠券/红包金额"为基数（商家券金额不计入结算基数），并根据不同类目商品技术服务费费率收取。技术服务费从商家货款金额中扣除。如果通过精选联盟渠道产生订单，商家还需支付达人推广费/团长服务费。

结算公式如下：

$$技术服务费 = 技术服务费费率 \times 结算基数 \tag{7-1}$$

$$结算基数 = 消费者实付金额（含运费）+ 主播优惠券（红包金额）+ \\ 平台优惠券（红包金额）+ 支付补贴 \tag{7-2}$$

技术服务费率包含基础技术服务费率和阶梯技术服务费率两种。

① 基础技术服务费率。部分类目基础技术服务费率见表7-3。

表7-3　部分类目基础技术服务费率

经营大类	一级类目	类目费率（%）
服饰内衣	女装	5
	男装	5
	内衣裤袜	5
	服饰配件/皮带/帽子/围巾	5
鞋靴箱包	女鞋	5
	男鞋	5
	箱包	5
运动户外	户外/登山/野营/旅行用品	5
	运动/瑜伽/健身/球迷用品	5
	运动鞋	5
	电动车/配件/交通工具	2
	运动包/户外包/配件	5
	运动服/休闲服装	5
	自行车/骑行装备/零配件	2
钟表配饰	打火机/瑞士军刀/眼镜	5
	钟表类	5
	时尚饰品	5

② 阶梯技术服务费费率。不同类目的商家，按照商品结算单价阶梯收取阶梯技术服务费。例如，二手潮品鞋服的基础费率为5%。不同商品结算单价按表7-4所列的阶梯费率收取。

表7-4　阶梯技术服务费费率举例

一级类目	商品结算单价	阶梯费率（%）
二手潮品鞋服	[50000，∞）	0.60
	[1299，50000）	1.00
	[799，1299）	2.00
	[0，799）	按"基础技术服务费费率标准"

7.1.3　抖音小店入驻后续操作

入驻抖音小店后，商家需要绑定官方账号—认证企业号—绑定飞书—关注任务中心，走完这个流程之后，就可以开始卖货了。

1. 绑定官方账号

（1）店铺官方账号。店铺官方账号是指每个店铺选定唯一的抖音号与店铺进行绑定。选定唯一的抖音号作为抖音App内代表店铺官方身份的账号，该号可享有店铺一体化权益，并拥有店铺自运营的相关功能权限。店铺官方账号可以实现抖音账号与店铺的一体化关联，在消费者侧增强店铺概念。

视频7-4
抖音企业号认证

（2）绑定官方账号的好处。

① 免费认证企业号：绑定官方账号后，若在抖店后台选择升级认证企业号即蓝V，可免除600元/年企业号蓝V认证费用。

② 绑定官方账号后，拥有设置权限，在个人主页展示进店入口。

③ 获得更多稳定的进店流量：个人主页展示进店入口，直播间等有机会获得更多进店入口。

④ 用户主动搜索账号/店铺，使店铺获得海量曝光。

（3）操作流程。

① 操作路径：登录抖店后台，点击"店铺设置"。

② 企业店、个体店绑定官方账号的步骤如图7-7所示。

2. 认证企业号

个体工商户或者企业店铺可将资质共享至抖音账号进行官方认证。如果符合企业号资质，可直接将绑定的抖音账号升级为验证企业号。若符合蓝V资质要求则可升级为蓝V，同时免除600元审核年费。

（1）认证流程。通过店铺—店铺官方账号，对于符合资质的商户，页面出现蓝色认证框，点击"认证蓝V企业号"（图7-8）。在认证过程中，抖音号昵称将自动同步为店铺名称。

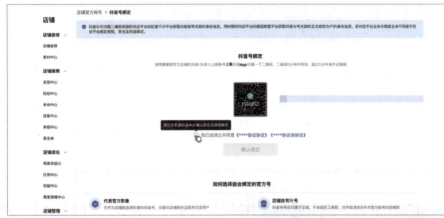

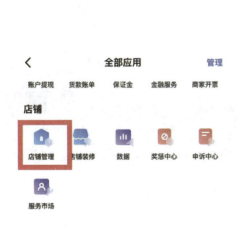

图7-7 绑定官方账号步骤

图7-8 企业号认证步骤

（2）操作步骤。

①进入页面，点击右上角的"认证蓝V企业号"。

②打开抖音App，登录抖音账号，进行扫码认证（图7-9）。

图7-9 抖音扫码认证

③完成认证,在PC页面点击"确认绑定",完成绑定后页面如图7-10所示。

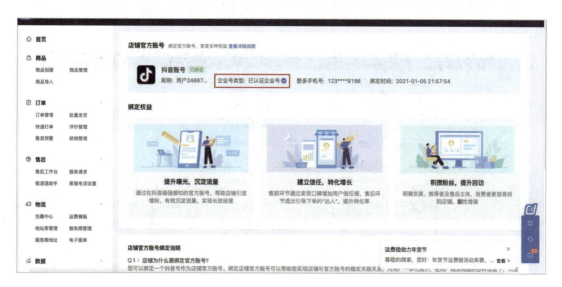

图7-10 认证后效果

3. 绑定飞书账号

如果希望与其他商家交流、了解官方动态,可以绑定飞书账号,优质商家还有机会享有专属运营权。

快速入口:在抖店后台左侧菜单栏,点击"店铺"—"店铺设置"—"飞书绑定"(图7-11)。

图7-11 绑定飞书

4. 关注任务中心

新商家入驻之后，会直接触发成长任务，从而了解平台活动，快速完成基础配置（图7-12）。

图7-12 关注任务中心

7.2 抖音小店设置

抖音小店开通后，需要进行店铺的基础设置。设置顺序如下：店铺基础设置（账号管理、开通支付权限、开通带货权限）—商品管理—营销工具设置—店铺装修—保障服务。按照此顺序进行店铺功能设置与商品上架，即可在抖音直播时售卖自营商品。

7.2.1 店铺基础设置

抖音小店需要先进行基础信息设置，如开通"号店一体"、开通支付权限、开通带货权限等，这是抖音小店运营的第一步。

1. 账号管理

为了帮助商家有效沉淀粉丝，抖音小店提出了"号店一体"的概念，支持每个店铺绑定唯一的抖音账号作为店铺官方账号。绑定官方账号可增强粉丝信任感。抖音小店后台数据显示：绑定官方账号的商家店铺复购率相比未绑定商家均有一定提升。

（1）"号店一体"优势。开通"号店一体"（图7-13），商家可以获得如下特权：

① 零粉丝开通电商权限。

② 打通号与店，一体化呈现。

③ 沉淀私域流量，长效经营阵地。

④ 更多增值服务，如蓝V账号、店铺装修。

图7-13 "号店一体"特权

（2）开通步骤。

① 绑定店铺官方账号。

② 开通电商权限（图7-14）。在抖音App—"我"—右上角的三横杠图标—"创作者服务中心"—"商品橱窗"—"商品分享权限"中开通。

③ 子账号管理。为了帮助商家进行合理分工，并做好权限管理，平台支持商家通过"子账号管理"功能实现员工与岗位角色的匹配，并提供了对岗位权限的自定义管理功能，满足不同商家差异化的诉求。

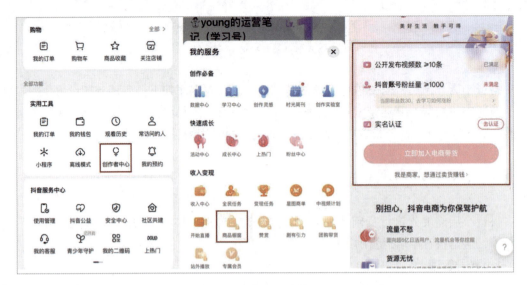

图7-14 开通电商权限

快速入口：在抖店后台左侧菜单栏中点击"店铺"—"子账号管理"进行设置（图7-15）。

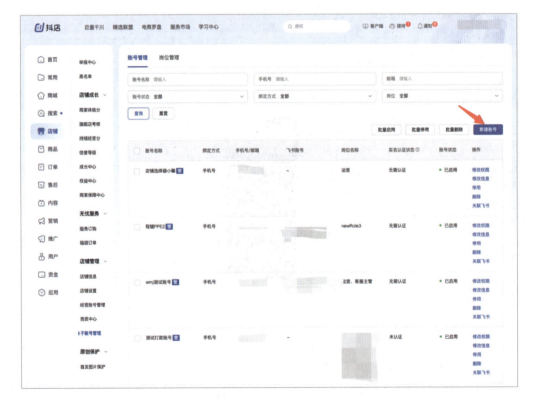

图7-15 子账号管理

2. 开通支付

抖音小店常用的支付方式有聚合账户、微信支付、支付宝等。商家可挑选用户常用的支付方式开通。

快速入口：在抖店后台左侧菜单栏中点击"资产"—"支付方式设置"，进行设置（图7-16）。

（1）开通聚合支付。聚合账户是集抖音支付、抖音月付、支付宝等于一体的综合账户，用于帮助商家完成货款的接收和提现。

① 登录抖音电商PC端。电商PC端登录商家后台（选择浏览器），进入"店铺"—"资质中心"，检查资质中心信息是否完整且无误。若需要补充和更新，点击"编辑"，补充相关信息，提交和审核通过后进入支付方式设置。

② 开通聚合账户。点击"店铺"—"店铺管理"—"店铺设置"—"支付方式设置"—"聚合账户"进行设置（图7-17）。

图7-16 支付方式设置

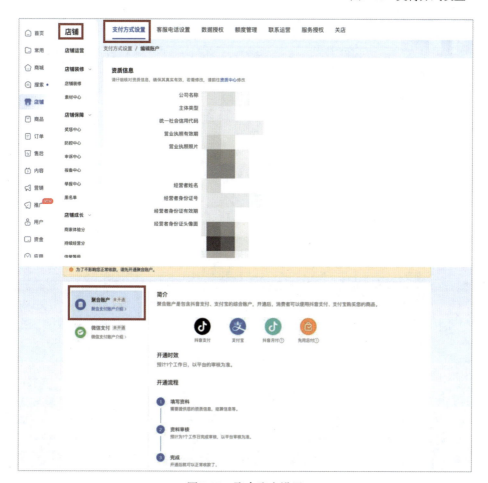

图7-17 聚合账户设置

③ 检查资质信息，确保正确和完整，绑定银行卡。绑定银行卡要求见表7-5。

表7-5 绑定银行卡要求

营业执照类型/绑卡要求	对私	对公
企业、农民专业合作社	不支持：不可以使用个人银行卡	支持：营业执照名称的对公银行卡。不建议使用单位结算银行卡
个体工商户	支持：62开头的银联储蓄卡	支持：营业执照名称的对公银行卡

④提交审核后，等待1~3个工作日完成审核。

（2）开通微信支付。

①PC端登录商家后台（选择浏览器），输入手机号+验证码，或者关联抖音、头条和火山账户登录。

②进入"店铺"—"资质中心"，检查并确认主体信息是否完整无误。若需要补充和更新，点击"编辑"，补充身份证和营业执照等相关信息，提交审核，等待审核通过后，进入下一步（图7-18）。

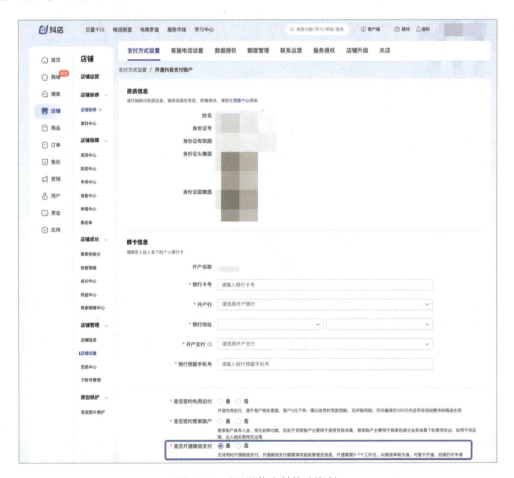

图7-18 开通微信支付修改资料

③确认资质无误后，填写绑卡等模块信息。务必确认已成功开通聚合账户，否则将无法开通微信支付账户。在开通微信支付账户时，需要按照开户名称填写对应的银行卡、

开户行和支行、银行卡预留手机号等信息。

④ 填写超级管理员信息（图7-19）。超级管理员需在后续流程中使用实名认证的微信扫码完成签约，要选择微信已经实名认证过的管理员；若没有，建议填公司财务人员。手机号用于接收微信支付的重要管理信息及日常操作验证码，邮箱用于接收开户邮件及日常业务通知，需准确填写。若已经开通成功，需要变更超级管理员信息。

图7-19　超级管理员信息

⑤ 验证。营业执照法定代表人或者经营者实名认证的微信账号扫码验证，完成微信法定代表人或者经营者实名认证的微信账户。

完成营业执照公司名称对公打款验证。营业执照公司名称对公账户向指定账户打款，验证金额会在三个工作日原路退回。

⑥ 审核。提交完成后，微信支付客服会在7~10个工作日内完成审核。审核完成后，记得签约（图7-20）。

图7-20　审核信息并签约

⑦ 确认和签署协议。签约过程会通过超级管理员实名认证的微信完成扫码确认和签署《微信支付服务协议》《开户意愿确认书》，签约完成后即开通成功（图7-21）。

图7-21 签约完成开通成功

（3）开通支付宝支付。

① 进入"店铺"—"支付方式设置"，点击"在线支付设置"标签—支付宝（未开通）—"立即开通"（图7-22）。

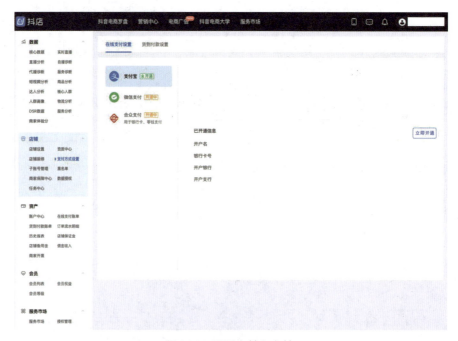

图7-22 开通支付宝支付

② 确认资质信息。商家资质信息来源于"店铺"—"资质信息"，商家需确认资质信息是否完整且无误。若需要更新和补充，则前往"资质中心"修改、提交审核，待审核通

过后，再提交开户。

③ 绑定银行卡，要求同聚合支付。

④ 阅读《支付宝协议》，确认无误后点击"提交"，将进入审核。审核时长为1~3个工作日，审核通过后自动开通。

3. 开通带货权限

抖音带货权限是指用户在抖音平台获得的短视频购物车、达人推荐橱窗、直播间添加商品的权限（图7-23），适合自己无货源未开店，帮其他商家带货的用户。获得权限的用户可以在抖音平台上售卖自家商品或带货。

图7-23　带货权限展示

① 权限申请入口。打开抖音App，选择"我"—右上角三横杠图标—"创作者服务中心"—"商品橱窗"，点击"去认证"—"我是达人"（图7-24）。

图7-24　权限申请入口

② 填写带货资质。资质类型分为个人、个体工商户、企业三种，见表7-6。

表7-6 带货资质类型

资质类型	是否支持对公结算	准备资料	资质认证要求
个人资质	不支持	清晰的身份证正反面照片、个人银行卡号	必须和抖音实名认证保持一致
个体工商户	支持	公司名称、统一社会信用代码、营业期限、经营地址、清晰的营业执照照片、经营者姓名、经营者身份证号码、证件有效期、身份证正反面照片、个人或企业银行卡号、开户行、开户支行	必须和抖音实名认证保持一致，如进行过企业号/千川认证，则会复用企业号/千川资质。如资质不一致，需要注销对应资质
企业	支持	公司名称、统一社会信用代码、营业期限、经营地址、清晰的营业执照照片、法人姓名、法人身份证号码、证件有效期、法人身份证正反面照片、企业银行卡号、开户行、开户支行	无限制，可以与抖音实名认证不一致。其中，独资企业需要与抖音实名认证保持一致

③ 资质审核后进行账户验证，包括实名验证和打款验证。

④ 账户验证通过后开通收款账户。

开通收款账户步骤：填写开户信息—等待开户资质审核。开户审核需要1~7个工作日。其中，微信开户时需要使用法人实名认证的微信扫码完成签约。扫码签约后，约2小时完成开户。勿重复扫码。账户验证步骤如图7-25所示。

图7-25 账户验证步骤

7.2.2 商品管理

完成抖音小店的基础设置后，就可以开始发布商品了。发布商品时，要注意商品的标题、图片、详情页、型号、库存、价格等信息，尽可能提高商品的质量分。

视频7-5
抖音小店商品
发布流程

1. 发布商品

（1）商品创建。

① 在抖店后台左侧菜单栏中点击"商品"—"商品创建"。

② 选择商品类目，如图7-26所示。

图7-26　选择商品类目

③ 填写商品标题、属性，上传商品主图/视频、详情页信息，填写商品型号、库存、价格、运费模板等信息，发布商品（图7-27）。

图7-27　填写商品信息

④ 商品创建成功后，即可在"商品"—"商品管理"菜单中看到，并支持批量设置（图7-28）。

图7-28 管理商品

2. 商品详情页优化

（1）商品详情页优化作用。不论是直播间、短视频，还是商品卡购物场景，商品详情页（简称商详）都是非常重要的转化节点。用户在浏览的过程中，几乎全部都在寻找与决策相关的关键信息。

① 设置标题+头图，吸引用户点击。
② 在主图区发布商品基本信息和卖点信息。
③ 通过导购区评价、买家秀进一步了解用户反馈。
④ 在长描区查看更多细节信息。

因此，商品信息展现效率与用户决策效率呈现为强相关性，商品信息越丰富、越明确，用户决策效率越高，越有机会引导用户当下完成决策并下单。

（2）商品详情页信息质量优秀达标标准。在商品发布基本信息、商品详情页必要信息完善的基础上，还需要保证不同行业的优质信息完整，使商品信息清晰、完整，从而辅助提升商品下单转化。

行业优质信息由标题、主图视频、主图首图、长描、规格图五个部分组成，见表7-7。

表7-7 行业优质信息组成

通用	标题	标题长度≥20个汉字，40个字符
	主图视频	主图视频时长≥8秒
	主图首图	展示商品正面全貌+展示商品核心卖点
	规格图	不同规格严正展示正确规格图
部分适用	长描	首图海报； 产品功效展示； 产品多角度展示； 产品关键属性展示；

（续表）

部分适用	长描	温馨提示、物流保障、正品鉴定； 认证报告、专利； 规格图片展示、SKU属性对比展示； 产品材质展示； 适用人群展示； 产地展示； 模特、佩戴展示； 日常护理提示； 精彩书评； 作者简介； 使用感受描述

举例：家电类目。

① 标题长度：标题长度≥20汉字（40个字符）。

② 主图视频：时长＞8秒。

③ 主图首图：商品正面全貌展示+核心卖点，如图7-29所示。

④ 长描——首图海报：商品正面全貌+核心卖点展示，如图7-30所示。

图7-29　优质主图首图示例　　　　图7-30　优质长描——首图海报示例

⑤ 长描——核心内容模块：功效展示，产品场景图、多角度全方位展示图、产品细节图大于或等于3张，发货方式、物流/售后等服务保障，如图7-31所示。

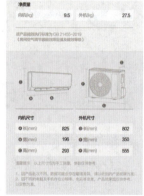

图7-31　优质长描—核心内容模块示例

（3）制作符合规范的图片。图片设计遵循首图设计模板：主图（首图）设计模板将主图区域等分为36个方形网格，按照元素类型划分为两个区域，即商品主体放置区和元素放置区。根据位置不同共包含四类区域设计规范，商家可依照商品形状自行选择一类设计。具体模板及案例如下：

① 商品主体放置区。此区域仅可展示商品主体，不可添加任何元素，如文字、水印、图标等。

② 元素放置区。元素放置区分为Logo区域和卖点/图标/赠品区域（以下简称卖点区域）。Logo区域仅可展示Logo，卖点区域可展示卖点、图标、赠品，商家可在规范要求区域内自行设计，如图7-32所示。

③ 白底图或场景图。主图若不展示卖点信息，可以使用干净的白底图或场景图，如图7-33所示。

（4）快速完善商品详情页，如图7-34所示。

① 点击"商品"—"商品诊断"—"影响商详成交"—"质量分"—"不达标"，筛选待优化项。

② 点击"查看详情"，可查看该商品全部待优化内容和优化建议。

③ 点击"详情编辑"，即跳转至商品信息编辑页，按照页面修改提示进行信息补充。

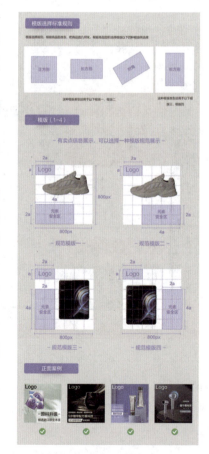

图7-32　首图设计模板示例

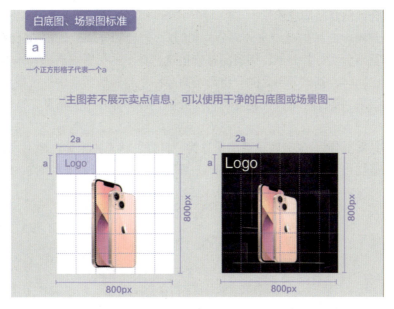

图7-33 白底图或场景图模板示例

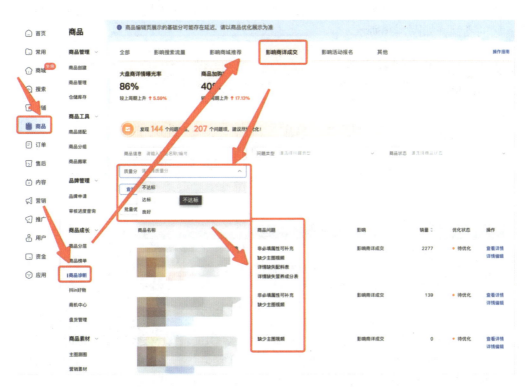

图7-34 快速完善商品详情页步骤

3. 商品信息质量分

（1）商品信息质量分的定义。商品信息质量分是基于商家发布、编辑商品信息的完整性及准确性，通过智能计算得出的商品分数。商品信息质量分集合了商品标题、属性、主图（包含画风问题）、详情、行业必要信息（如尺码表、营养成分表、使用说明、包装清单等）等，综合评估商品信息质量。

（2）计分逻辑。商品信息质量分满分为100分，包含60分基础分和40分商品详情页优化分。其中，基础分实行扣分制，即商品基础信息严重不达标影响消费者体验和平台规则的问题会扣分；同时，基础分不足60分将影响商品在平台营销活动中进行报名和用户搜索推荐中的展示结果。商品详情页优化分实行加分制，即商品评情页信息完整性与丰富性有提升会加分。

当商品信息质量分为100分时，商品信息为"良好"状态（全部达标），其余情况均代表商品信息仍需优化（状态为达标、不达标）。商品信息质量分状态如图7-35所示。

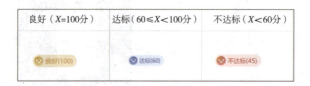

图7-35　商品信息质量分状态

（3）优化路径。

① 点击抖店PC端后台首页—"不达标商品"，访问商品优化页面，筛选质量分达标/不达标的商品，如图7-36所示。

图7-36　商品信息质量分优化路径

② 直接访问"商品"—"商品成长"—"商品优化"页面，对已发布的在线商品进行优化。

③ 访问商品管理列表页面—"商品"—"商品管理"，可查看商品信息质量分数，鼠标光标移动到表情包位置，可点击"去优化"进行信息质量完善。

（4）优化方式。

① 商家可通过点击"立即优化"进入商品编辑页，根据左侧质量分提升建议，逐条提升商品质量分。

② 商家可通过点击"优化基础信息"，对商品属性/标题等进行批量优化。支持通过优化属性模块对商品预测属性值进行一键确认，帮助商家快捷、高效地提升店铺当前在线商

品的信息质量分。

4. 在商品橱窗中添加商品

上传完商品后，可以在抖音账号个人主页的商品橱窗中添加商品，具体步骤如图7-37所示。

图7-37　商品橱窗添加商品步骤

（1）打开抖音App，在个人主页点击"商品橱窗"。

（2）进入页面后点击"橱窗管理"。

（3）在橱窗管理页面点击"去选品广场"。

（4）进入选品页首页，点击"我的店铺"。

（5）此时我的店铺页面中显示的就是自己店铺的商品，点击"加选品车"，后续操作跟随平台的自动指引逐步完成即可。

7.2.3　营销工具设置

抖音小店的营销工具可以帮助主播丰富与用户之间的互动、转化、人和货的匹配、直播间的氛围，提高单场直播转化率，让主播事半功倍。常规主播通过口播引导的方式吸引用户停留、转化、下单，而营销工具就是这些方式的产品化，同时提升直播间规范化互动流程，它就像直播间与用户之间的催化剂一样，促进用户转化。

视频7-6
抖音小店常见
营销工具

1. 优惠券

（1）优惠券简介。

定义：商家优惠券是由商家创建的优惠资产，用于已领取券的用户下单时降低产品价格的用户营销推广工具，可支持抖音、西瓜及头条等多个平台。

适用范围：店铺通用或指定商品。

优惠形式：可设置为直减、满减、折扣等形式。

商家优惠券叠加：一个订单最多只能用一张商家优惠券，系统自动使用优惠力度最大的券，用户可选择用或不用。

（2）优惠券类型。商家优惠券类型包括商品优惠券、全店通用券、店铺新人券、店铺粉丝券、达人粉丝券、订单商品复购券、惊喜券、客服专享券、自由渠道券、团长活动券、达人专属券、直播投流券，如图7-38所示。每种优惠券的使用场景和作用不同，用户可根据自己的需求选择使用。

图7-38 优惠券类型

① 商品优惠券，即在商品页可公开领取的商品券。

适用场景：日常营销、大促营销。

适用范围：指定商品可用。

优惠形式：支持直减、满减、折扣。

② 全店通用券，即在商品页可公开领取的店铺券。

适用场景：日常营销、大促营销、直播间发放。

适用范围：店铺通用。

优惠形式：支持直减、满减、折扣。

③ 店铺新人券，即在店铺官方抖音账号直播间内，仅店铺新人可领取的优惠券。店铺老用户（已下单支付用户）不可见。

适用场景：仅限开通店铺官方账号的直播间。

适用范围：店铺通用或指定商品可用。

优惠形式：支持直减、满减、折扣。

④ 店铺粉丝券，即仅官方抖音账号粉丝可领取的优惠券。

适用场景：若用户是官方账号的粉丝，可在店铺的直播间、商品详情页等全场景看到粉丝券并领取，在下单时计入优惠折算。

适用范围：店铺通用或指定商品可用。

优惠形式：支持直减、满减、折扣。

⑤ 达人粉丝券，即仅绑定达人抖音账号粉丝可领取的商家优惠券。

适用场景：合作达人带货。

适用范围：店铺通用或指定商品可用。

优惠形式：支持直减、满减、折扣。

⑥ 订单商品复购券，即为在店铺下过单的用户发放的商家优惠券。

适用场景：订单列表页、订单完成页。

优惠形式：指定商品直减。

⑦ 惊喜券，即针对拉新、复购、流失挽回、购物车成交四大营销目标和面向特定人群发放的定向专属优惠券。平台大数据算法为商家提供精准人群、货品、优惠面额建议。

适用范围：指定商品可用。

优惠形式：支持直减、满减、折扣。

⑧ 客服专享券，即仅在飞鸽内发放给特定用户的优惠券。

适用场景：客服聊天场景，可用于促进售前转化、提升老客户复购率、挽回流失用户等。

可用范围：店铺通用或指定商品可用。

优惠形式：支持直减、满减、折扣。

⑨ 自有渠道券，即通过私有渠道发送给用户的优惠券，优惠券生效后需要商家主动发放。不会自动在商品详情页、店铺首页等透出，用户领取后不会在直播间商品列表、商详页等透出，可以在下单时使用该优惠券。

适用场景：直播间发放（不限主播）、客服发放等专属渠道。

可用范围：店铺通用或指定商品可用。

优惠形式：支持直减、满减、折扣。

⑩ 团长活动券，即报名参加团长活动设置的专属优惠券。

⑪ 达人专属券，即为指定达人设置的专属商品优惠券，用户仅能通过达人渠道领取。

适用场景：实现多渠道定价，同时营造达人专属优惠氛围。

适用范围：店铺通用或指定商品可用。

优惠形式：支持直减、满减、折扣。

⑫ 直播投流券，即随千川直播间投流发放的店铺优惠券。

适用场景：千川直播间投流。

适用范围：店铺通用或指定商品可用。

优惠形式：支持直减、满减、折扣。

（3）优惠券创建。在抖店后台上方导航栏，点击"营销中心"；从左侧菜单栏中找到"营销工具"—"优惠券"，创建所需优惠券，如图7-39所示。

【案例7-2】某食品类目商家基于爆款商品投放广告落地页，并绑定单品广告推广优惠券。商家反馈共计投放2万多张优惠券，领取率为80%及以上，使用率为20%及以上，核销率为80%及以上，共计带来超过40万元的销售额。

2. 限时限量购

（1）限时限量购简介。限时限量购是指商家在自己设置的活动时间内，以低于原价的价格售卖特定商品，消费者需在商家设置的活动时间内进行抢购，一旦超出活动时间或活动库存售罄，商品将立即恢复原价。商家在设置限时限量购之后，相关商品在抖音端的直播间、商品详情页将展现专属皮肤，营造营销氛围，有效提升用户的下单转化率。限时限量购是打造爆款商品的必备营销工具。

图7-39　优惠券创建步骤

（2）限时限量购类型。平台为满足商家日常降价的需求，明确用户对抢购的认知体验，将限时限量购拆分为限时抢购和普通降价促销两种活动类型。

① 限时抢购。活动时间规定在7天内，商品折扣要求较普通降价促销力度更大。

② 普通降价促销。活动时间要求在365天以内，为日常的促销工具，对折扣力度和活动时间要求都较为宽松。

（3）限时限量购设置。

① 进入抖店后台，点击"营销"—"营销工具"—"限时限量购"，点击右上角"立即新建"按钮，进入活动新建页面，如图7-40所示。

图7-40　限时限量购功能入口

② 输入活动名称，注意1~5个中文字符的限制。
③ 选择活动开始和结束时间，可选择按开始结束时间设置或按时间段选择。
a. 按开始结束时间设置。限时抢购时间只支持0~7天。
b. 按时间段选择。点击"按时间段选择"切换时间选择方式，共有9个选项，分别为5分钟、10分钟、15分钟、30分钟、1小时、24小时、3天、5天、7天。
④ 设置订单取消时间。设置用户提交订单后，如果持续未支付，订单自动取消的时间。建议设置为5分钟。
⑤ 选择是否预热，如图7-41所示。

图7-41　选择是否预热

a. 不预热。用户端商品详情页会在直接展示"距离结束"的活动倒计时中展示。
b. 预热。如果选择了预热，还需设置预热持续时间。用户端商品详情页会展示"距离开抢"的活动倒计时展示。
⑥ 点击"添加商品"，在右侧侧边栏中勾选需要参加本次限时限量购活动的商品，勾选完成后点击"选择"按钮，即可完成商品添加，如图7-42所示。

图7-42　添加商品

⑦ 设置优惠方式。可设置为一口价、直降或打折。限时抢购折扣力度：输入的金额需符合活动的限制折扣力度，如不符合要求，系统会报错。

⑧ 设置价格、活动库存、限购数量，如图7-43所示。

图7-43　设置价格、活动库存、限购数量

⑨ 全部填写完成后，点击"提交"，系统进入价格风险校验，点击"确定"。

【案例7-3】某家具家电商家直播带货，基于热销商品设置限时特卖及定时开售双管齐下。据商家反馈，共计设置20多件商品5折限时特卖，带来7000多个订单，近100万元销售额。

3. 满减

（1）满减简介。满减是指以店铺为基本单元，支持用户基于特定范围内的商品享受消费满额后立减的优惠，通过"凑单""立减"形式影响客户购买决策，有效提升转化率及客单价。

（2）满减方法。

① 基于某场直播全部商品池的单价及利润率，盘点适合搭配销售的商品，设置满减活动，基于客单价设置满减/满件门槛及对应的优惠金额。

② 基于用户最高购买件数的订单总额设置满减/满件门槛，引导用户多买。

建议：同步将满减后的价格作为商品卖点设置具体文案透出，提升用户的优惠感知，结合直播时间设置满减活动的生效时间。

主播及时口播引导用户关注支持满减的单个商品或商品组合，建议说明活动要求的下单件数及满减力度，并强调满减活动生效时间。

话术："××商品满299减60，相当于买3件8折，超大力度优惠""××商品满99减20，拍下立减20元，超大力度优惠"。

（3）满减设置。

① 入口。进入抖店后台，点击"营销中心"—"营销工具"—"满减"，进行设置，点击右上角"立即新建"按钮，进入活动创建页面，如图7-44所示。

② 设置活动标题。最多10个字，超出字符则会标红提示。

③ 设置活动时间。活动期间包含开始时间、结束时间，开始时间默认为00：00：00，结束时间默认为23：59：59。

④ 优惠设置。可以设置阶梯满×元优惠，默认只有1个层级，点击"添加层级"，最多可添加5个层级，下一层级的满额要大于上一层级的满额；可以设置阶梯满×件优惠，默认只有1个层级，点击"添加层级"，最多可添加3个层级，下一层级的满件要大于上一层级的满件。（图7-45）

⑤ 设置允许叠加店铺券。商家可自行选择是否允许用户叠加店铺券，默认选中"允许"；为保障平台营销体验的一致性，从2023年3月10日起平台不再支持新增活动选择满减活动和优惠券活动互斥功能。

⑥ 选择商品，商家可添加参与活动的商品（店铺商品），上限100件。

图7-44　满减设置入口

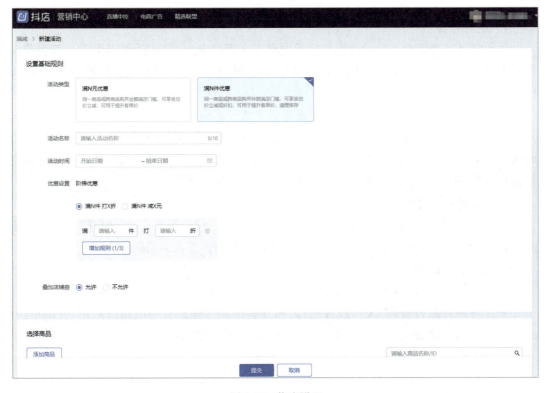

图7-45　优惠设置

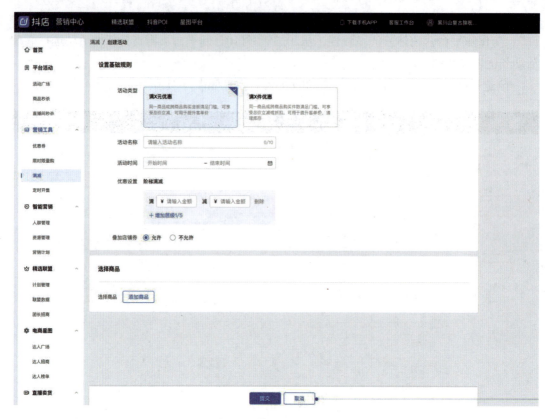

图7-45　优惠设置（续）

4. 定时开售

（1）定时开售简介。定时开售可以帮助商家在商品未上架前进行宣传预热；开售前支持用户预约、收藏，帮助商家了解商品热度、预估销量；开售时平台提供预约用户站内信+Push召回的功能，提升用户回访率。

（2）定时开售方法。定时开售时间设置为直播开始后的某个时间点，短视频预告本场直播的定时开售爆款商品，通过平台统一触达提醒功能，引导用户进入直播间，到达开售时间后，主播引导用户及时下单。定时开售时间设置为下一场直播的某个时间点，本场直播预告下场直播的定时开售爆款商品，引导用户二次访问直播间。

（3）定时开售设置。

① 入口。进入抖店后台，点击"营销"—"更多营销工具"—"定时开售"，进行相关设置，如图7-46所示；点击右上角"添加商品"按钮，进入活动创建页面。

② 设置开售时间。

③ 选择商品。勾选后，点击页面最下方的"提交"按钮即可完成添加，如图7-47所示。

平台将在商品开售前3天、开售前1天和开售前10分钟，分别以站内短信和Push的形式，提醒已预约/收藏/加入购物车的用户，并附上商品详情页链接。

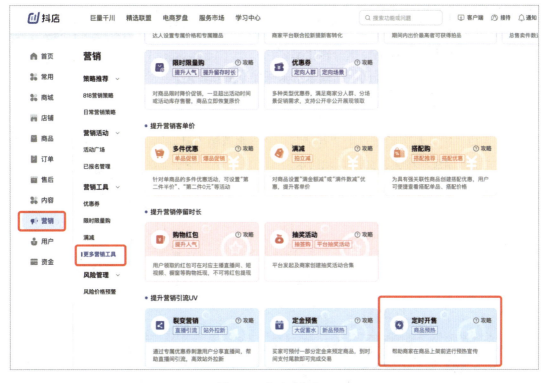

图7-46 定时开售入口

图7-47 设置开售时间、选择商品

5. 拼团

（1）拼团简介。拼团是一种商家营销工具，对商品进行拼团促销，增强促销氛围。商家设置拼团后，用户以优惠价格支付下单并通过自身分享直播间帮助商家传播。商品总体售卖件数达到要求即可成团。

（2）拼团优点。

①用户以低价购买商品，提升转化率。

②用户购买后分享直播间能给商家带来额外流量和转化。

③商家在让利的同时还可以设定成团人数，平衡成本和收益。

（3）拼团设置。

①入口。进入抖店后台点击"营销"—"更多营销工具"—"拼团"，进行设置，然后点击"立即创建"按钮，如图7-48所示。

图7-48　拼团设置入口

②设置活动名称。可输入1～5个中文。

③设置活动时间。填写拼团的开始时间和结束时间。活动持续时间不能低于4小时或超过1天。修改活动时间可能会导致已选商品无法参加活动。

④设置成团数量。最小为2，最大为10，如图7-49所示。

⑤设置自动成团。默认开启自动成团且无法更改，所有拼团活动都将自动成团，活动时间结束后不满足门槛也会自动成团。

⑥设置订单取消时间。设置用户提交订单后，如果持续未支付，订单自动取消的时间。建议设置为5分钟。

⑦点击"添加商品"按钮，选定商品。商家可以基于SKU维度来选择哪些SKU参加，哪些不参加。

⑧设置拼团价。该SKU参与拼团活动的价格。

⑨设置活动库存。活动库存必须大于成团门槛的1.2倍；当活动库存低于成团数量时，该商品将不再展示拼团活动。

注意：用户下单后会预占活动库存，如果用户提交订单后3分钟不支付，就会释放掉每人限购件数；可设置为不限购或每人限购1～20件。

设置拼团价、库存、限购人数如图7-50所示。

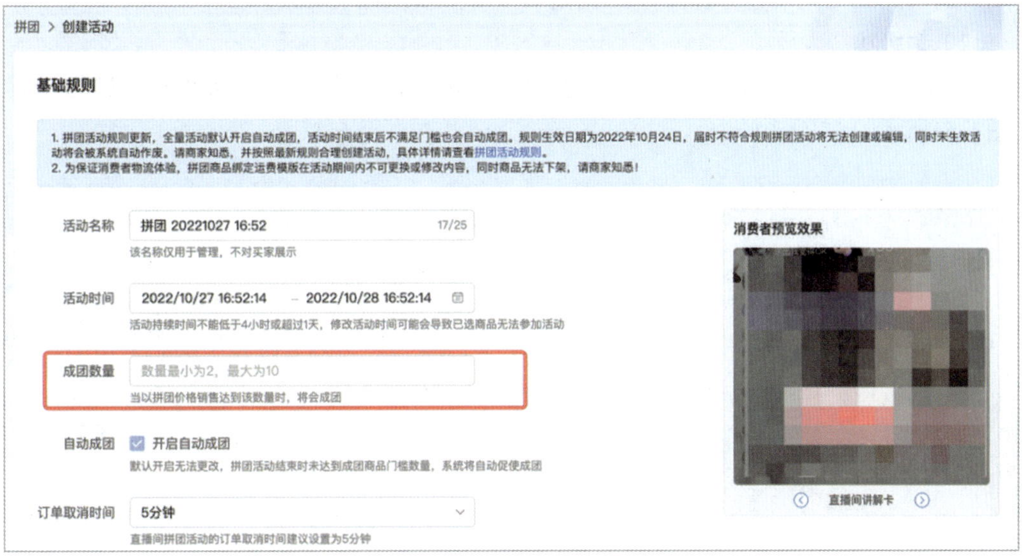

图7-49 设置成团数量

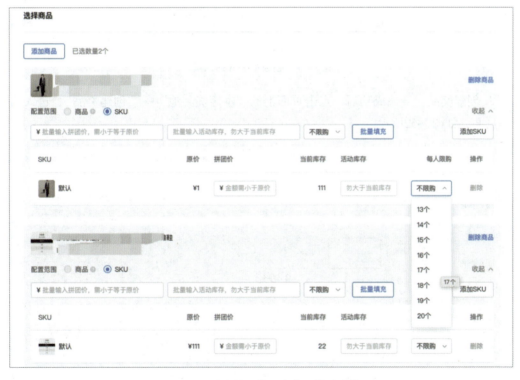

图7-50 设置拼团价、库存、限购人数

⑩填写完成后，点击"提交"按钮，即可创建拼团活动。

6. 超级福袋

（1）超级福袋简介。超级福袋是一款电商场景下的专有营销互动工具，可以帮助主播实现抽奖流程规范化。支持将抽奖活动以商品的形式在直播间挂车，配合主播的口播，引导用户通过完成不同任务（看播时长、指定口令等）获取抽奖资格。

（2）超级福袋设置。

① 入口。进入抖店后台，点击"内容"—"直播营销"—"超级福袋"进行开通，如图7-51所示。

图7-51　超级福袋开通入口

② 创建奖品。开通成功后，点击页面上的"本店奖品池"—"创建奖品"，进入奖品创建页面，如图7-52所示。

图7-52　创建超级福袋

a. 选择"快速创建",可快速添加店铺内已有的状态为"上架中"的商品,仅支持添加一个,点击"详细信息"—"价格库存",添加"商家编码",实现推送至ERP系统进行发货管理,如图7-53所示。

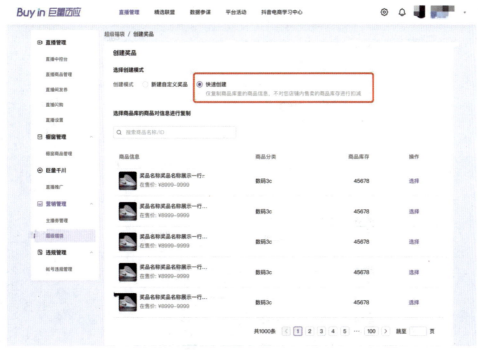

图7-53 快速创建奖品

b. 选择新建自定义奖品(图7-54),可创建满足平台商品及类目的发布、推广要求的商品,创建后需进行商品审核。

图7-54 自定义奖品

c. 奖品创建成功后，商家可以在本店奖品池中查看用自己店铺商品作为奖品的状态。

③ 创建活动。创建奖品成功后，点击页面上的"抽奖活动"—"新建活动"，创建超级福袋抽奖，设置完抽奖信息后即可发布抽奖，如图7-55所示。

图7-55　创建活动

a. 设置中奖条件。可要求用户满足对应条件后才可参与抽奖，主播可将人群定向与任务配置相结合。设置中奖条件适用于多种营销场景。

b. 设置开奖时间。可设置为活动开始后×分钟自动开奖，或预设具体的开奖时间。

c. 兑奖截止时间。默认为开奖后48小时。

d. 中奖限制。可设置中奖用户数与每位中奖用户获奖数。

④ 投放活动。进入直播中控台，点击"超级福袋"—"开始活动"，仅审核通过且尚未开始的活动才能被发布，如图7-56所示。

a. 成功发布抽奖活动后，该活动会以超级福袋的形式出现在直播商品内。"超级福袋"相当于一个商品，可以随意调控位置，但不能进行讲解。

b. 直播商品中会展示超级福袋商品的中奖条件、奖品价值和奖品数，实时显示成功参与人数和抽奖开始倒计时，如图7-57所示。

⑤ 查看抽奖。进入超级福袋页面，点击"抽奖活动"—"查看中奖名单"即可查看名单，如图7-58所示。已兑奖的用户订单需要在48小时内完成发货履约。

图7-56 投放活动

图7-57 活动状态

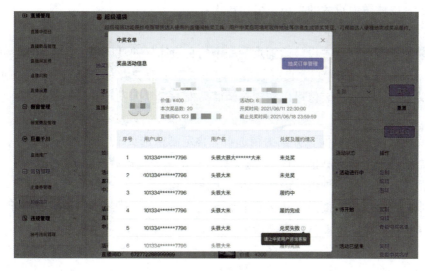

图7-58 查看抽奖

⑥ 履约发货。当中奖用户填写收货信息，完成兑奖后，系统将在订单管理中自动生成抽奖订单；订单类型选择"抽奖可查看对应订单"，商家需在48小时内对已兑奖的用户订单完成发货履约，如图7-59所示。

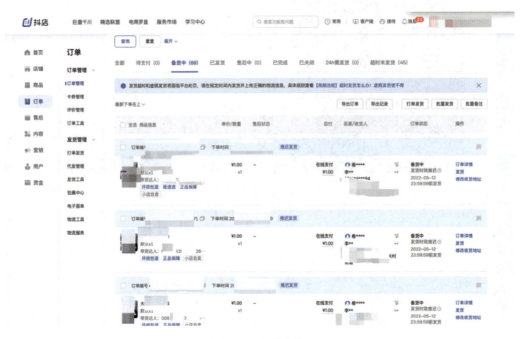

图7-59　履约发货

7.2.4　店铺装修

平台为绑定了店铺官方账号的小店提供了店铺装修功能，帮助商家更好地引导消费者逛店。商家可以在商品橱窗精选页配置优惠券、店铺活动、秒杀商品，在分类页配置不同的商品组合，以激发消费者的兴趣，引导转化。

1. 店铺装修功能介绍

店铺装修支持商家自主设计店铺页。一个精心设计且独具风格的店铺页会给消费者留下良好的第一印象（图7-60）。良好的第一印象决定了消费者对店铺的信任感，而信任感是成交的关键。商家通过装修可以实现热销商品推荐、新品发布、营销活动等在店铺中的落地运营。

店铺支持展示四个页面，分别为精选页（含定制精选页）、分类页、商品页、自定义页。其中，精选页（含定制精选页）、分类页、自定义页支持装修。

（1）精选页。通过多种组件提高进店用户转化率。

可用组件包括海报、商品、热区、电梯导航、倒计时、优惠券、满减、搭配购、限时限量购、猜你喜欢、本店爆款、店铺榜单。

（2）分类页。商品分类整理，多级类目快速帮助用户了解店铺商品，让店铺展示商品更加结构化。

（a）店铺入口　　　　　（b）装修前　　　　　（c）装修后

图7-60　店铺装修前后对比

（3）商品页。系统自动展示店铺内的所有商品。

（4）自定义页。作为二级页面，承接来自精选页、大促活动页的组件跳转，因此无法单独存在。完成了自定义页的创建后，必须前往精选页、大促活动页进行关联。

可用组件包括海报、商品、热区、电梯导航、倒计时、优惠券、满减、搭配购、限时限量购。

（5）定制精选页。精选页的一种，是与第三方服务商合作的定制页面，目前为定向邀请制，尚未开放给所有商家。

2. 店铺装修流程

（1）创建页面。无论是精选页、大促活动页还是分类页，它们的启用方式类似，都是先创建一个版本，完成编辑后，点击右上角的"生效"按钮即可。

店铺首页一般使用精选页，通过装修精选页可以美化并丰富店铺首页，通过组件提高进店用户转化率。店铺装修组件包含商品组件、宣传组件、营销组件等多种类型，如图7-61所示。

（2）添加商品组件。拖拽商品组件到装修页面，在右侧填写好模块标题，选择商品布局样式，或修改展示商品，如图7-62所示。

① 商品数。商品数量4～30个（偶数），支持展示单列、双列、三列、横滑等布局样式。

② 商品智能排序（推荐开启）。支持根据用户行为特征计算商品排序，提升商品转化率。

③ 手动选品。当选择了开启智能排序，且手动选品时，系统会对手动选的商品进行智能化排序，千人千面。如果关闭智能排序，那么系统会按照手动选品的顺序进行排序。

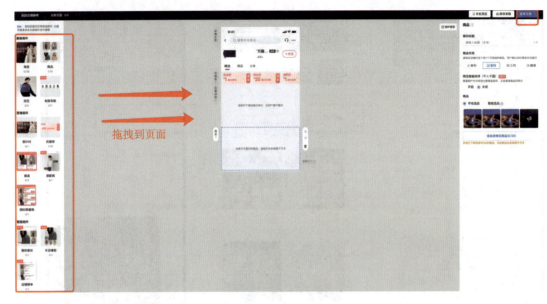

图7-61 店铺装修组件

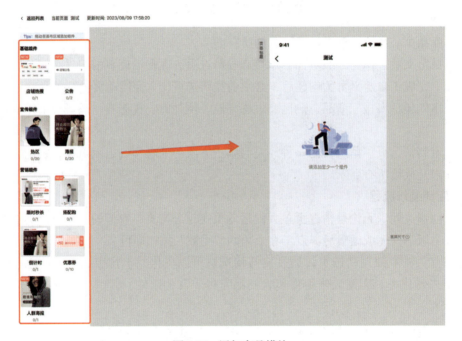

图7-62 添加商品模块

④ 智能选品。支持采用高销量商品、好评商品、低价商品、新品四种方式进行智能选品，系统会根据所选排序方式对商品进行自动排序，并每隔12小时更新商品和排序，商品信息以实时状态为准。

（3）添加猜你喜欢、本店爆款、店铺榜单。采用同样的方式，可以从左侧组件区域拖拽其他商品组件进入猜你喜欢、本店爆款、店铺榜单页面，如图7-63所示。

（4）添加宣传组件（海报、热区）。

① 拖拽海报组件到装修页面，在右侧操作面板内填写模块标题及描述，同时上传图片或添加跳转链接，如图7-64所示。

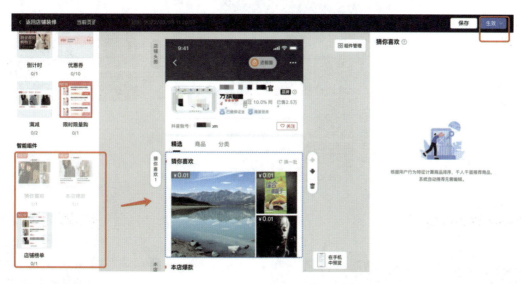

图7-63　添加猜你喜欢、本店爆款、店铺榜单

图7-64　添加海报组件

② 拖拽热区组件到装修页面，并且在右侧上传图片。上传图片完成后，点击"编辑热区"，即可拖拽出区域，并添加跳转链接，如图7-65所示。

（5）添加营销组件（如优惠券、满减、倒计时、限时限量购等）。

① 从左侧拖拽优惠券组件置于页面中，优惠券可用于提升转化率，提高GMV。在右侧填写好模块标题、描述，以及绑定好优惠券，如图7-66所示。

② 拖拽满减组件到装修页面，并且在右侧填写好模块标题，以及绑定好优惠券，如图7-67所示。

③ 拖拽倒计时组件到装修页面，并在右侧置入图片以及跳转内容（目前支持选择商品或者自定义页），设置活动时间，如图7-68所示。

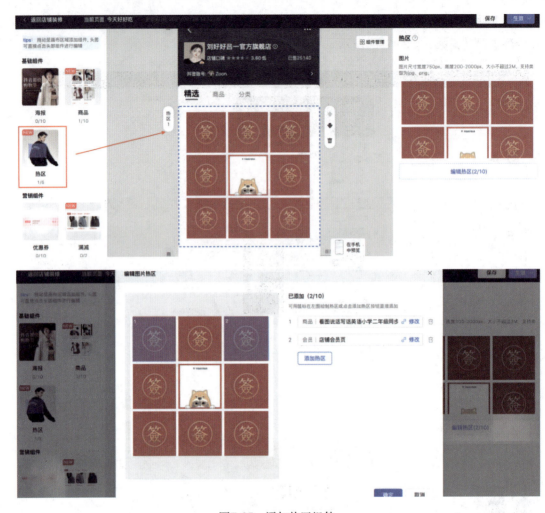

图7-65 添加热区组件

图7-66 添加优惠券组件

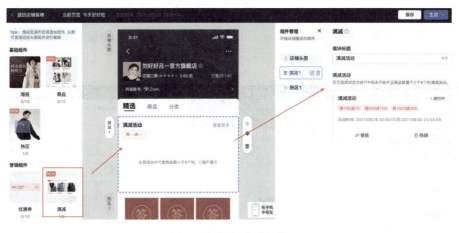

图7-67 添加满减组件

图7-68 添加倒计时组件

④ 拖拽限时限量购组件到装修页面,在右侧"活动设置"项中可选择"手动配置"或"智能配置"。装修完成后,点击右上角"生效"按钮,如图7-69所示。

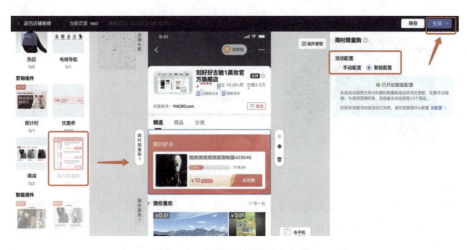

图7-69 添加限时限量购组件

（6）添加电梯导航组件。拖拽电梯导航组件到装修页面，在右侧栏选择导航样式，目前支持图文或者文字。下面以图文为例，每个导航的图片尺寸为48像素×48像素，大小为2M，支持JPG或PNG格式，如图7-70所示。

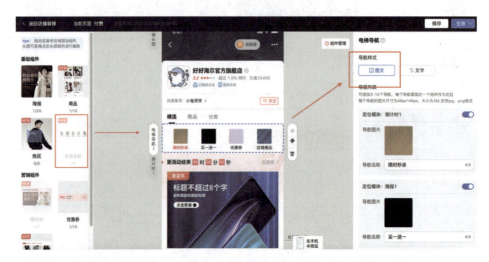

图7-70　添加电梯导航组件

（7）设置导航跳转逻辑。针对希望跳转定位的模块，点击"启用导航"按钮，并且完成图片及名称的配置。目前可添加3～15个导航定位，如图7-71所示。

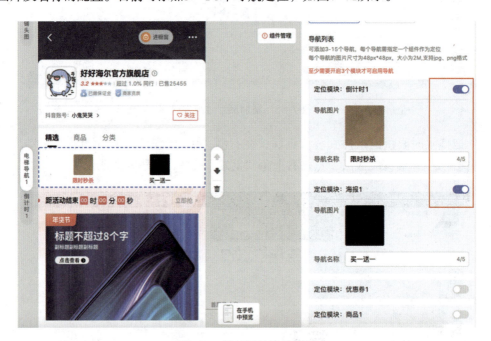

图7-71　设置导航跳转逻辑

【案例7-4】某3C数码类目商家借助店铺装修功能，为其店铺精选页添加"海报"模块，同时开启了分类页对其店铺的商品进行分类整理，用户进入橱窗产生的订单量实现了2倍的增长。

【案例7-5】某服饰类目商家借助店铺装修功能，为其店铺精选页新增头图及海报，并根据不同的活动主题更新头图及海报的风格，同时开启了分类页，对其店铺的商品进行分类整理，用户进入商品橱窗停留时间显著增加，产生的订单增加了30%以上。

7.2.5 保障服务

平台的保障服务旨在提升消费者购物体验，保障消费者权益，让开通保障服务的商家会获得更多流量，并能提升转化率。平台的保障服务有运费险、极速退、安心购等形式。

1. 运费险

（1）运费险简介。运费险是在消费者购物时，商家为消费者购买的退货运费保险服务。购买过运费险的订单在进行退货时，可直接获得一定理赔抵扣运费。此功能可有效提高订单的转化率，减少消费者投诉。开通退换货运费险，当消费者退货时，系统自动理赔，打消了消费者的下单顾虑，提升了订单转化率，减少了售后纠纷。

（2）运费险开通流程。进入抖店后台，点击"店铺"—"商家保障中心"—"退换货运费险"即可开通，如图7-72所示。

图7-72 运费险开通流程

运费险分为货款代扣和充值两种模式。货款代扣是每卖出一单就从所收取的货款中扣除运费险。充值模式则需单独给运费险充值。

（3）运费险应用条件。

① 必须完整走完开通流程后（包含充值预存金流程），才能正常使用运费险功能。

② 预储金账户状态正常，余额充足。

③ 非虚拟商品、非核销商品。

④ 在西瓜、今日头条、抖音、火山、抖音极速版、今日头条极速版等平台中，登录状态下的用户购买的"小店"商品的非广告订单。

⑤ 用户信用良好。

（4）消费者理赔的条件。

① 需退货的商品在下单时成功购买了运费险。

② 在理赔有效期内申请理赔。理赔有效期为商家发货后的90天内。

③ 1个订单只能购买1份退换货运费险，每份退换货运费险只理赔1次。若订单发货时进行了拆单，则只能有1个子订单使用运费险功能。

2. 极速退

（1）极速退简介。开通极速退功能后，商品详情页上会出现"极速退"标志，让消费者购买更放心，进一步提升了店铺商品的支付率。同时，系统可以自动对小金额且6小时内支付但未发货订单执行自动退款，以提升商家处理效率。

（2）极速退开通流程。在抖店后台左侧菜单栏中点击"售后"—"极速退助手"即可开通极速退，如图7-73所示。

图7-73 极速退开通流程

（3）极速退类型。极速退分为未发货极速退和发货后极速退两种类型：

① 未发货极速退是为了提高消费者的购物体验，在商家未发货时缩短退款处理时间的管理工具。对于成功执行未发货极速退的订单，平台将在更短的时间内操作退款，有效提升了未发货下的退款速度，缩短了消费者的等待审核时间。

② 发货后极速退是平台为信誉良好的消费者提供的一项退款极速到账的服务，消费

者在收到商品后申请退货退款,若商家一次审核同意,则在上传有效的退货物流单号并通过平台校验后,可以立刻收到平台垫付的退款。商家提供该服务,可有效提升发货后退款时效,缩短消费者等待退款到账的时间,提高潜在转化率。

3. 安心购

(1)安心购简介。安心购(图7-74)是指平台通过对店铺经营指标表现好、综合服务能力强的商家及其店铺内优质商品进行筛选后,对符合标准的优质商品自动进行"安心购"服务标识的打标,形成"安心购"统一标签,以增强消费者对平台的信任感。安心购代表商家为消费者提供了更优质的商品和更高标准的服务承诺。

图7-74 安心购展示形式

(2)安心购开通标准(表7-8)。

表7-8 安心购开通标准

考核维度	安心购服务的开通		
	考核指标	服务开通考核标准	考核周期
店铺经营	指定场景违规记录为0	店铺无出售假冒品牌商品、材质不合规商品,发布混淆信息、不当使用他人权利的违规记录	近180天
		店铺无严重违规记录	近14天
	店铺经营状态	正常营业且持续经营天数>60天	近1天
	小店体验分	≥4.8分	近1天
商品体验	品质退货率	近30日内,商品的品质退单小于20单或商品的品质退货率小于或等于同行业均值(三级子类目)	近30天

（续表）

考核维度	考核指标	安心购服务的开通	考核周期
		服务开通考核标准	
服务体验	IM（即时通信）满意度	整体评价量（人工）≥10且IM满意度≥85%	近30天
	店铺纠纷商责率	近30天内，店铺售后单量>20单且纠纷商责率<0.015%	近30天
	发货后退款自主完结时长	店铺仅退款售后单量>20单且仅退款自主完结时长<17小时	近30天
	退货退款自主完结时长	近30日内，店铺退货退款售后单量>20单，且退款时效：生鲜<45小时，家居家装/家电/农用物资<95小时，其他类目<80小时	近30天

（3）安心购开通方式。系统会自动为符合安心购开通标准的商品打标。

（4）安心购优点。

① 多渠道透标。开通服务后，将在店铺、直播间首页、直播间购物车列表、商品详情页、订单详情页等多个渠道展示"安心购"标签，有利于增强消费者购买信心，推动订单达成。

② 更高的订单转化率。"安心购"标签可有效增加商品曝光率，吸引更多自然流量，从而提升订单转化率。

③ 更高的商品成交率。将安心购打造成为营销亮点，有利于商品优先进入头部达人选品池，增加商品成交率。

④ 更高的小店体验分。出现售后问题时有效保障消费者权益，从而降低纠纷率或投诉率，正向提升小店体验分。

7.2.6 抖音小店的店铺体验分

抖音小店的店铺体验分（DSR评分）是反映店铺综合服务能力的重要指标。该指标覆盖了消费者购物体验的各环节，可为广大商家提供评估店铺综合能力的数据支持，有助于商家提升消费者对店铺服务的认可度，获得更多的平台支持，适用于平台内所有的商家。

店铺体验分由商品体验、服务体验、物流体验三部分组成。其中，商品体验分占50%，服务体验分占35%，物流体验分占15%，如图7-75所示。

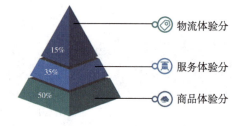

图7-75 店铺体验分组成占比

1. 店铺体验分的考核要求

（1）商品体验分。商品体验分来源于近90天的商品差评率和品质退货率，并根据商家某基础单项指标在所处行业的综合排名计算得出。日期越近的数据对分数的影响越大。

（2）物流体验分。物流体验分来源于近90天的揽收及时率和订单配送时长，并根据商家某基础单项指标在所处行业的综合排名计算得出。日期越近的数据对分数的影响越大。

（3）服务体验分。服务体验分来源于近90天的服务好评率、投诉率、纠纷商责率、IM3分钟平均回复时长、仅退款自主完结时长、退货退款自主完结时长，并根据商家某基础单项指标在所处行业的综合排名计算得出。日期越近的数据对分数的影响越大。

店铺体验分为5分制，最低为3分，体验分每天中午12:00进行数据更新。

2. 店铺体验分的作用

店铺体验分对于抖音小店来说至关重要。店铺体验分可用于流量倾斜、平台营销活动提报、精选联盟准入等场景。店铺体验分越高，店铺越容易获得流量、增加用户信任度，转化率就越高。

（1）流量倾斜。店铺体验分越高，流量加权越大。
（2）结算账期。店铺体验分越高，结算账期越短。
（3）广告投放限制。店铺体验分低的商家，限制投放单量。
（4）活动提报。店铺体验分达到某一门槛时，可报名参加平台特定营销活动。
（5）精选联盟门槛。店铺体验分满足一定条件方可准入精选联盟。

3. 提升店铺体验分的方法

（1）提升客服在线服务响应速度。抖音飞鸽客服工作台对指标的考核要求：首次响应＜60秒，平均响应＜40秒，不满意率＜20%，3分钟回复率（会话）＞70%。
（2）售后问题及时处理。针对已收货的消费者打电话进行售后回访，如果消费者没有问题，按照话术引导消费者给出五星好评。如果消费者对产品质量有疑问，可主动退换货，在消费者未评价之前把问题及时解决，有效避免中差评的出现。
（3）提升产品质量，优化好商品详情页，不做夸大宣传，减少消费者疑虑。
（4）写好产品话术，在直播过程中主播进行详细讲解，让消费者充分了解产品。
（5）优化物流渠道，确保按时发货，使消费者在约定时间内收到货品。

本章总结

抖音小店是为商家提供电商服务的平台，旨在帮助商家拓宽变现渠道，提升流量价值。店铺是商家在抖音上进行电商活动的主要载体，是消费者购买产品，完成下单的载体，是商品与活动信息的集合，是消费者获取商家服务的窗口。

抖音小店入驻主体分为企业公司、个体工商户、个人身份三种类型。

抖音小店开通后，要进行店铺的基础设置，设置顺序如下：店铺基础设置（账号管理、开通支付权限）—商品管理—营销工具设置—店铺装修—保障服务。按照此顺序进行店铺功能设置与商品上架，即可在抖音直播时售卖自营商品。

平台的保障服务旨在提升消费者购物体验，保障消费者权益，开通保障服务的商家会获得更多流量，并能提升转化率。平台的保障服务有运费险、极速退、安心购等。

店铺体验分由商品体验分、服务体验分、物流体验分三部分组成。其中，商品体验分占50%，服务体验分占35%，物流体验分占15%。

7.3 上机练习

7.3.1 上机练习一　开通抖音小店

1. 训练的技能点

（1）对抖音小店的基础认知。

（2）对抖音小店的基础操作能力。

2. 需求说明

入驻抖音小店（个人）后，登录抖音小店后台，进行店铺基础设置，如账号管理、开通支付权限、开通带货权限等。

7.3.2 上机练习二　上传商品、店铺装修

1. 训练的技能点

（1）对抖音小店的基础认知。

（2）对抖音小店的基础操作能力。

2. 需求说明

在抖音小店里上架五个商品，并完成店铺首页的装修，注意美观。

7.3.3 上机练习三　设置营销活动

1. 训练的技能点

（1）对抖音小店的基础认知。

（2）对抖音小店的基础操作能力。

2. 需求说明

在抖音小店里设置优惠券、限时限量购、满减、定时开售、拼团等活动，并梳理活动逻辑。

7.4 巩固练习

7.4.1 填空题

1. 抖音小店分为_____和_____两个版本。

2. 抖音小店入驻分为_____、_____、_____三种类型。

3. 抖音小店常用的支付方式有_____、_____、_____等。

4. 平台的保障服务有_____、_____、_____等。
5. 抖音小店的店铺体验分由_____、_____、_____三部分组成。

7.4.2 选择题

1. 在下列选项中，关于店铺体验分中商品体验分、服务体验分、物流体验分占比正确的是（　　）。
   A. 45%，35%，20%　　　　　B. 50%，35%，15%
   C. 15%，35%，50%　　　　　D. 50%，30%，20%
2. 在下列选项中，店铺属于个人可以入驻的是（　　）。
   A. 旗舰店　　　　　　　　　B. 专卖店
   C. 专营店　　　　　　　　　D. 普通店
3. 在下列选项中，不属于商品详情页的是（　　）。
   A. 标题　　　　　　　　　　B. 主图视频
   C. 主图首图　　　　　　　　D. 营销组件
4. 在下列选项中，工具可以设置用户拼团购买的是（　　）。
   A. 优惠券　　　　　　　　　B. 限时限量购
   C. 拼团　　　　　　　　　　D. 福袋
5. 在下列选项中，不属于提高店铺体验分的是（　　）。
   A. 提升客服在线服务响应速度
   B. 售后问题及时处理
   C. 提升产品质量，优化好商品详情页
   D. 主播在直播间内夸大产品效果

第 8 章

抖音直播流程与工具

本章主要介绍了抖音直播流程,从达人开号、选品带货到直播卖货、付费推广,使读者对直播流程中各个操作环节有清晰的认知。同时,本章介绍了巨量百应、巨量千川、飞鸽客服等常用软件的使用方法。

通过本章学习,读者可以清楚地知道直播工具及其使用方法,能够更轻松地完成直播工作。

> **课前预习**
>
> 熟悉抖音直播流程,并回答以下问题:
> (1) 巨量百应的作用有哪些?
> (2) 直播中如何添加商品?

8.1 抖音直播准备工作

做直播带货,直播账号和产品必不可少。作为达人,前期主要需做好注册抖音账号、开通直播带货权限、绑定银行卡、选择优质商品、拿到样品试用等准备工作。要想通过直播带货挣钱,除了自己卖货之外,还可以给其他商家带货并完成带货任务。

8.1.1 达人开通账号权限

达人开通账号权限就是新申请的抖音账号开通直播带货权限、绑定收款账号的过程。达人开通直播带货权限后,可以从精选联盟中申请样品、完成直播带货任务,自己卖货或收取坑位费。

1. 开通直播带货权限

要想做好直播带货,第一步就要开通直播带货权限,也就是所谓的"小黄车"。开通直播带货权限后,用户在抖音平台获得了短视频购物车、达人推荐橱窗、直播间挂商品权限。获得权限的用户可以在抖音售卖自家商品或带货,如图8-1所示。

  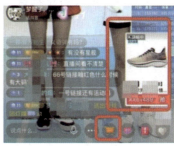

(a)短视频购物车　　　　(b)达人推荐橱窗　　　　(c)直播间售卖商品

图8-1　开通直播带货权限效果展示

(1)开通步骤。打开抖音App,选择"我",点击右上角的三横杠图标—"创作者服务中心"—"商品橱窗"—"权限申请",点击"申请"按钮即可开通,如图8-2所示。

权限申请时,可以根据自己的实际情况,选择"成为带货达人"或者"成为小店卖家",如图8-3所示。

①"成为带货达人"。此项适合自己无货源未开店,帮其他商家带货的用户。

②"成为小店商家"。此项适合自己有货源并且在抖音开店,售卖自己店铺商品的用户。

(2)开通条件。开通带货权限需要满足以下四个条件:

① 实名认证。

② 充值缴纳商品分享保证金500元。

③ 个人主页公开视频数大于或等于10条。

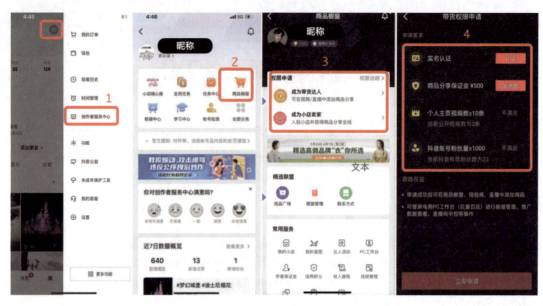

图8-2 开通直播带货权限步骤

④ 粉丝量超过1000人。

满足条件的用户点击"立即申请",如不符合条件则需要根据要求去完成。开通抖音小店并完成"号店一体"授权的商家号,可享受零粉丝开通电商带货的权限。

2. 开通收款账户

开通收款账户是为了方便付款结算,消费者付款时选择付款方式,货款金额将会结算到对应的收款账户中,所以开通收款账户是必不可少的流程。

收款账户分为正式账户和快速账户,两者的区别如图8-4所示。正式账户支持多种资质,可以对公结算,无年限额,因此推荐选择正式账户。

图8-3 申请"成为带货达人"

图8-4 正式账户和快速账户的区别

（1）正式账户的优势。

① 支持多种资质，其中，个体工商户、企业、小店资质支持对公结算。

② 微信、支付宝账户支持每天各1次提现，每次上限50万元，一共是100万元，没有年限额。

③ 达人和机构都升级完账户后，在机构侧才可以管理达人小店佣金的分成比例，达人与机构之间的合作更方便。

④ 新账户包含四个账户，分别是支付宝、微信、聚合账户、合众账户。这四个账户都要开通，缺一不可。

（2）正式账号开通步骤。

① 操作路径。打开抖音，点击"商品橱窗"—"常用服务"—"账户升级"。

② 操作步骤。选择对应的资质类型，提交资质主体信息，等待资质审核，审核通过后完成账户验证，如图8-5所示。

图8-5 正式账户开通步骤

（3）资质类型。选择账户类型后，需要确认开通的资质类型。账户资质类型有四种选择：个人、个体工商户、企业、我是小店商家。账号资质类型见表8-1。

表8-1 账户资质类型

资质类型	是否支持对公结算	准备资料	资质认证要求
个人	不支持	清晰的身份证正反面照片、个人银行卡号	必须和抖音实名认证保持一致
个体工商户	支持	公司名称、统一社会信用代码、营业期限、经营地址、清晰的营业执照照片、经营者姓名、经营者身份证号码、证件有效期、身份证正反面照片、个人或企业银行卡号、开户行、开户支行	必须和抖音实名认证保持一致。如进行过企业号/千川认证，则会复用企业号/千川资质。如资质不一致，则需要注销对应资质

（续表）

资质类型	是否支持对公结算	准备资料	资质认证要求
企业	支持	公司名称、统一社会信用代码、营业期限、经营地址、清晰的营业执照照片、法人姓名、法人身份证号码、证件有效期、法人身份证正反面照片、企业银行卡号、开户行、开户支行	无限制，可与抖音实名认证不一致。其中，独资企业需要与抖音实名认证保持一致
我是小店商家	店铺与自己的账号绑定，账号收款账户也会与小店店铺共用同一个。如果该账号选择其他资质类型升级，则无法再与店铺绑定		

注意事项：

① 账户资质类型一旦选择并提交资料完毕，就不能修改，需谨慎填选。

② 个人资质不支持对公结算。

③ 应根据自己的实际情况选择账户资质类型。如果已经开通了小店，直接选择"我是小店商家"，将店铺与自己的账号绑定，账号收款账户也与小店店铺共用同一个。如果该账号选择其他资质类型升级，则无法再与店铺绑定。

④ 在账户验证没有通过前，都可以撤回，重新填写。但是一旦账户验证通过后，就不可以再撤回。

3. 开通带货权限的功能与判定

（1）开通带货权限后可以使用的功能。

① 开通电商权限后，可以在商品橱窗添加管理商品。

② 开通电商权限后，可以在直播间添加商品。

③ 登录巨量百应工作台，不仅可以在直播时进行中控操作（如将商品上到购物车中、点击讲解卡、发放优惠券等），还可以查看直播数据、订单成交情况、佣金账单以及参与平台活动等。

（2）如何判断带货权限是否开通成功？

① 开通成功。打开抖音App，点击"我"—"商品橱窗"，当页面提示"恭喜您已经成功完成电商达人带货权限申请，可以前去选品广场添加商品推广了"时，说明带货权限已经开通成功，如图8-6（a）所示。

② 开通失败。如果页面提示"推广商品需开通带货权限，申请成功即可成为带货达人"，则说明未完成带货权限开通，应根据提示进一步完善收款账户信息，如图8-6（b）所示。

4. 电商作者等级说明

电商作者等级是一套反映达人在平台上综合电商能力的数字指标衡量体系，见

表8-2。电商作者的等级越高,则其综合电商能力越强。等级每周二更新,取前一天的"等级分"计算电商作者对应的等级。

（a）

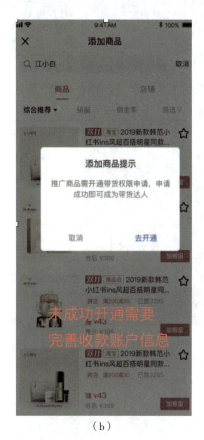
（b）

图8-6 带货权限开通提示

表8-2 电商作者等级

电商作者等级及等级分要求	LV0（0分）	LV1（100分）	LV2（200分）	LV3（300分）	LV4（400分）	LV5（500分）	LV6（600分）
对应权益	商品分享 PC工作台 达人广场	商品分享 PC工作台 达人广场	商品分享 PC工作台 达人广场	商品分享 PC工作台 达人广场 官方社群 官方榜单	商品分享 PC工作台 达人广场 官方社群 官方榜单 官方活动	商品分享 PC工作台 达人广场 官方社群 官方榜单 官方活动	商品分享 PC工作台 达人广场 官方社群 官方榜单 官方活动 官方签约

（1）查看方式。进入抖音App,点击"我"—"商品橱窗"—"个人等级积分",即可查看,如图8-7所示。

（2）权益说明。不同等级作者对应权益不同,具体见表8-3。

图8-7 电商作者等级查看方式

表8-3 不同等级作者对应权益

权益名称	权益对象	权益说明
商品分享	LV0及以上达人	根据权限范围，达人可以在橱窗、视频或直播的场景中分享商品，赚取佣金
PC工作台	LV0及以上达人	支持达人使用PC巨量百应工作台，更高效地管理橱窗商品，进行直播中控，查看更多实时与翔实的推广数据
达人广场	LV0及以上达人	达人在开通商品橱窗功能之后，可自动入驻达人广场。入驻后，平台将过往数据包装成视频主页和直播主页，供商家查看，从而获得更多的商家关注和合作机会
官方社群	LV3及以上达人	加入官方达人社群，获取优质商家合作资源，体验最新培训课程，参与社群专享活动，赢取额外奖励，了解平台最新规则及产品功能，与同等级达人分享交流经验
官方榜单	LV3及以上达人	官方榜单位于巨量百应后台的"电商达人榜"菜单下，包括带货能力榜、创作能力榜、粉丝价值榜等多类榜单。进入榜单后，达人将会获取更多直面商家的曝光机会，有利于达人本身自主招商变现
官方活动	LV4及以上达人	优先邀请参加官方组织的各类平台活动，有机会获取更多曝光机会，能够快速成长，提高影响力

（续表）

权益名称	权益对象	权益说明
官方签约	LV6及以上达人	达人可优先享有官方签约机会。官方会从带货能力、内容能力、粉丝经营能力等多个维度评估达人能力，并对符合签约标准的达人定向发出签约邀请。收到签约邀请后，达人可选择是否签约，签约成功后可享有流量奖励、商业推广等一系列丰厚的资源扶持
官方尖货专供	LV6及以上达人	官方签约达人专享：官方的专供尖货资源池。扶持：官方持续给予高性价比、硬通货等优质货源，助力达人组货升级，减轻达人招商组货压力
直播安全保障	LV6及以上达人	官方签约达人专享：直播安全保障专人服务，直播安全问题快速响应，直播安全隐患前置解决。为达人直播保驾护航

注：官方签约仅由官方主动发起，每个月初统一对符合标准的达人进行邀约。

（3）电商作者等级计算方式。等级是达人最近30天的带货能力、粉丝影响力、内容影响力、服务质量这四个维度的综合评估结果。

① 带货能力。主要看近30天的累计直播带货成交金额。持续稳定地带货，有助于提升等级。

② 粉丝影响力。主要看近30天粉丝量、粉丝订单等考核项。努力增强观众互动，可以更好地提升粉丝转化率。

③ 内容影响力。主要看近30天开播有效天数（当天当场开播>2小时算1天）、电商看播人数、人均观看时长等考核项。持续投入开播、发布优质视频，有助于提升内容分。

④ 服务质量。主要看带货口碑分、信用分等综合指标。带好货、重服务，有利于提升服务分。

扩展资料8-1
抖音电商作者
等级管理

8.1.2 精选联盟选品带货

达人如果没有货源，可以从抖音官方选品平台精选联盟中选品。达人满足精选联盟开通条件后，可以申请免费样品进行带货，完成带货任务后即可获得相应佣金。

1. 精选联盟

（1）精选联盟简介。精选联盟是抖音撮合商家和达人的CPS（按销售付费）双边平台，一边连接达人，一边连接商家。达人包括字节系各个App（包括抖音、头条、西瓜、抖音火山版、皮皮虾等）的作者。商家设置商品佣金，达人在线选择商品，通过视频和直播等方式推广；产生订单后，平台按期与商家和达人结算。

（2）精选联盟的商品推广计划。为提高商家与达人的合作效率，平台推出了普通商品、专属商品、定向佣金、阶梯佣金四种推广计划，供商家使用。同时，商家可以使用店铺导流计划，利用达人的直播间或短视频，为店铺导流（表8-4）。达人可选择商家的精选联盟商品进行推广，成功卖出商品后会获得相应佣金。

表8-4 精选联盟的商品推广计划

推广计划	简介	设置佣金的区间	达人可见范围	与达人的合作方式
普通商品	商品将进入作者侧的选品池，可被4端所有作者搜索、添加、推广 普通计划与专属计划互斥，商品只可以被设置为其中一种 普通计划的佣金，只对未设置定向计划的达人生效	1%~50%（不同类目上限以后台显示为准）	所有达人可见商品和佣金率	商品添加到联盟里，需要达人自己看
专属商品	仅商家指定的作者可推广相关商品，其他作者不可以推广	0~50%（不同类目上限以后台显示为准）	所有达人可见商品，但指定达人可推广，指定达人有专属导航、专属推广权	线下沟通，先达成合作，后设置
定向佣金	为指定的达人设置定向佣金率	0~80%	所有达人可见商品，但定向佣金率指定达人可见	线下沟通，先达成合作，后设置
阶梯佣金	为达人设置阶梯佣金，达人完成商家设置的门槛销量后，佣金率自动提高	基础佣金率和奖励佣金率均为0~79%，且基础佣金率+奖励佣金率≤80%	所有达人可见商品。阶梯佣金若不支持公开申请，则指定达人可见；若支持公开申请，则符合报名门槛达人可见	公开：商品添加到联盟里，需要达人自己看 不公开：线下沟通，先达成合作，后设置
店铺导流计划	达人在短视频及直播中挂载店铺入口，店铺开启店铺导流计划后，达人可通过上述两个渠道为商家店铺导流，导流订单成交后，商家按照设置的佣金率支付佣金	0~50%	功能内测达人可见推广店铺和佣金率 商家、达人功能内测中	达人公开申请

（3）精选联盟使用场景。

① 如果商家把商品加入联盟商品池，所有达人均可推广，可使用普通商品功能。

② 如果商家想让指定的达人推广商品，其他达人不可推广，可使用专属商品功能。

③ 如果商家想给指定的达人单独设置佣金率，可使用定向佣金功能。

④ 如果商家想让指定的达人带货，并给这些达人设置不同佣金率，可使用专属商品叠加定向佣金功能。

⑤ 如果商家想进一步提高达人带货积极性，吸引达人为商品积累销量，可使用阶梯佣金功能。

⑥ 如果商家想利用达人的流量，让达人在直播间或短视频中展示店铺入口，为店铺引流，可使用店铺引流计划功能。

2. 达人如何选品

（1）进入选品广场路径。进入抖音App达人主页，点击"我"—"商品橱窗"—"选品广场"，如图8-8所示。

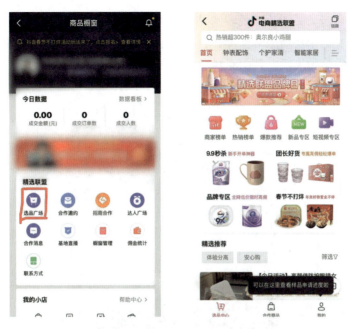

图8-8 进入选品广场路径

（2）选品广场模块介绍。选品广场首页主要功能包含搜索商品、轮播banner（横幅）、模块导航、精选推荐、合作商品等，如图8-9所示。

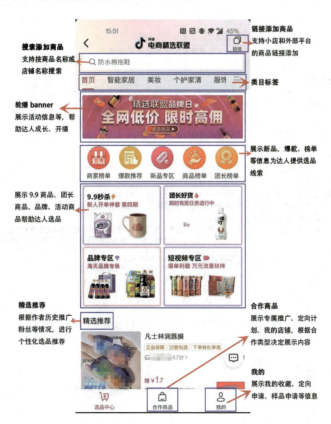

图8-9 选品广场功能介绍

在选品广场点击商品图片，跳转到决策页，可查看商品详细信息，包括销量、平台认证、商家体验分、商家售后服务保障、售卖效果、粉丝契合度、短视频随心推投放资质、推荐理由等，帮助您做决策，如图8-10所示。

图8-10　选品广场决策页

3. 申请免费样品

（1）申请入口。打开抖音App，点击"我"—"商品橱窗"—"选品广场"。

进入商品决策页后，可查看商品是否支持免费申样，显示有免费申样按钮的商品即可以申请免费样品，如图8-11所示。

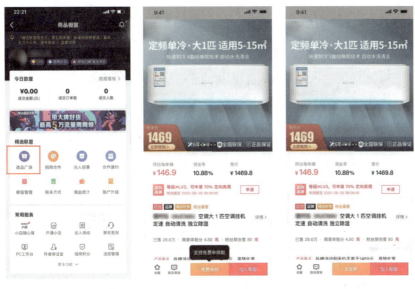

决策页——支持免费申样　　决策页——不支持免费申样

图8-11　申请免费样品入口

注意，须满足以下条件，才会显示"免费申样"入口。

① 商家需设置商品可申样。

② 达人具备带货权限，粉丝数大于5000且满足商家设置的申样门槛。

③ 达人当前无此商品进行中（待审核至待交付状态为进行中）的申样订单。

④ 达人无此商品30天内被拒绝的订单。

（2）申请免费样品。点击"免费申样"按钮后，需要填写合作信息和收货地址。要填写真实的信息，以便商家了解带货情况。提交信息后进入商家审核环节，如图8-12所示。

图8-12　申请免费样品步骤

注意：此时填写的预计开播时间和预计销量仅供商家审批参考用，不据此考核最终带货情况。

（3）查看申样进度并确认收货。

① 查看进度入口。达人申请样品后，可点击"选品广场"—"我的"—"样品申请"，查看商家审核进度、发货进度等，如图8-13所示。

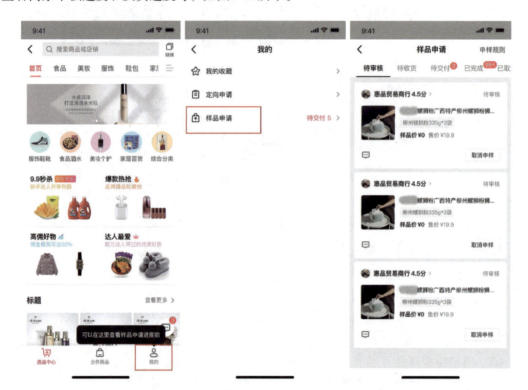

图8-13　查看申样进度

a. 商家未审核时可取消申请。

b. 商家3天未审核则申请订单关闭。针对超时未审核商家，平台会给予站内信警告。

注意：如果商家拒绝了申样请求，可以在720小时（30天）后再次提交申请，也可以继续申请其他样品。如果商家超时未审核申样请求，可以再次提交申请。

② 确认收货。可在商家审核通过后查看样品物流信息，签收后尽快确认收货。

若没有手动确认收货，发货后的7天内（以物流中发货时间作为起始时间），物流订单显示已签收，系统自动确认收货；若发货后的7天内，物流订单未签收，第8天系统自动确认收货。商家会在审核通过后的120小时（5天）内发货，商家超时未发货即中止申样流程。

4. 申请样品成功后的操作

（1）了解带货规则并完成带货。根据平台规则，创作者申请样品成功后，需在样品确认收货的360小时（15天）内就样品商品进行营销推广。推广形式可选择视频推广或直播推广，创作者可自主选择或与商家协商一致，具体规则如下。

① 短视频推广。8天内将样品商品推广视频（购物车需添加相关商品）发布成功并成功出单3单或者保存推广状态7天。

② 直播推广。15天内完成直播，直播间购物车需添加相关商品并成功出单3单或者讲解1分钟以上。样品商品售罄的，也需讲解1分钟以上。

③ 交付记录。达人样品交付推广内容（短视频或者直播讲解内容），商家可以在后台查看交付详情，如图8-14所示。

注意：达人未履约将降低履约率，会影响后续申样通过率；若履约情况过差且被商家大量投诉，平台有权停止达人申样功能。

（2）样品不合适，中止带货。达人收到样品后因各种原因无法带货，可发起"中止交付"申请，如图8-15所示。"中止交付"需由商家确认，商家同意后有权利要求归还样品。如果商家同意"中止交付"且要求达人归还样品，达人需要在7天内寄回样品并在平台上传物流单号。如超时未上传单号，则该"中止交付"申请取消，这会影响履约数据。

图8-14 交付详情

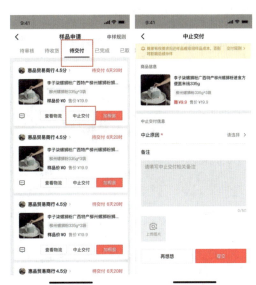

图8-15 发起中止交付申请

商家需在达人样品寄出后的7天内对寄回样品进行确认审核。商家审核通过后则该样品订单取消；如商家审核未通过，达人"中止交付"失败，系统判定达人未履约。

如果商家同意"中止交付"且未要求达人归还样品，则该样品订单取消。如果商家不同意"中止交付"，达人仍需要进行带货。每笔样品订单达人最多发起"中止交付"5次。

注意：履约率=达人申请样品后完成履约的订单数÷达人所有的申请样品订单数。

达人免费申样履约率会展示给商家作为商家审核样品申请的参考，会影响申样通过率。因此，达人必须注意维护履约率。

8.1.3 完成直播带货任务

达人除了自己卖货之外，还可以完成商家的直播带货任务。达人可以通过星图平台接受商家的合作邀约，洽谈带货条件与细节，然后进行带货。

视频8-1
如何开通直播带货任务

1. 开通直播带货任务

（1）直播带货任务简介。平台为商家提供直播内容服务，以达成商家的营销推广指标，可获得商家支付的服务酬劳（任务收入）。通过直播带货任务，达人可以设置自己的坑位费报价（通用报价、定向给指定商家的合作报价），通过线上收取直播任务的坑位费用，从而解决账期长、到账慢的难题。

（2）如何开通直播带货任务。

① 开通门槛。完成星图绑定。注册或者绑定了星图账户的达人可进行直播带货任务的设置及后续交易的操作。星图绑定门槛：粉丝数不低于1000人且开通了商品橱窗权限。

② 绑定星图。在巨量百应平台点击"基础设置"—"星图账号绑定"，进行星图账号绑定。如果达人未注册过星图账号，则可点击"一键开通"直接操作注册，注册后可以通过当前抖音账号，登录巨量星图平台，如图8-16所示。

图8-16　星图账号绑定

③ 开通带货任务。达人进入巨量百应后台，点击"基本设置"—"带货任务设置"—"立即开通"，即可开通电商权限，如图8-17所示。

如果达人还未绑定星图账号，进入带货任务设置页面时，页面会提示暂不符合开通条件，提示去绑定星图账号。点击"去绑定"完成星图账号绑定后即可开通任务。

2. 使用直播带货任务

（1）设置报价。完成报价设置的达人可在达人广场展示，商家可浏览信息并决策是否下单合作。

① 设置通用报价。在巨量百应后台点击"带货任务设置"—"设置通用报价"即可进行设置，如图8-18所示。

图8-17 开通带货任务

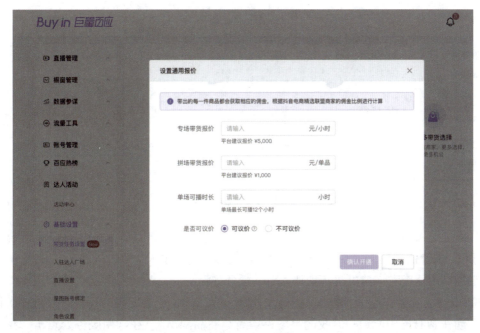

图8-18 设置通用报价

报价说明及规范如下:

a. 专场带货报价。支持输入正整数报价,最低1元/小时,最高报价为5000万元/小时。平台提供建议报价,根据达人粉丝数和历史数据计算推断。

b. 拼场带货报价。支持输入正整数报价,最低1元/小时,最高报价为5000万元/小时。平台提供建议报价,根据达人粉丝数和历史数据计算推断。

c. 单场可播时长。支持输入正整数时长,最大值为12小时。

② 设置指定报价。针对一些合作商家想设置特殊报价,不对在达人广场的所有商家展示的情况,达人可通过指定报价完成:在巨量百应后台点击"带货任务设置"—"新建指

定报价处"进行设置。

　　a. 选择服务类型：专场直播或拼场直播。

　　b. 设置定制任务价格，报价受价格范围限制。报价分为专场带货报价和拼场带货报价，支持输入正整数报价，最低1元/小时，最高报价为5000万元/小时。

　　c. 设置单场可播时长，最多不超过12个小时。

　　d. 添加意向商家。点击"添加商家"，可录入意向合作商家的店铺ID，系统会进行ID是否存在的校验。正确的商家返回显示商家名称，确认无误后点击"确认"按钮即可。

　　e. 点击生成链接，可生成达人主页的专属下单链接，达人可将此链接分享给意向合作商家。

　　f. 商家点击此链接需要先登录，登录后可查看达人主页及专属报价。仅达人添加的定向商家可享受专属价格，该专属价格对其他商家不可见，其他商家仍为通用报价。

　　（2）设置接单状态。达人开通任务并设置报价后，默认自动打开接单状态，可在直播带货任务设置页面关闭，如图8-19所示。

图8-19　设置接单状态

　　目前，达人侧仅支持抖音移动端操作，后续会增加巨量百应PC版，便于达人管理操作。

　　① 接收新任务通知。商家发布任务后，达人会收到抖音站内信和短信的新任务提醒，点击站内信查看详情可跳转到任务台的任务详情页。

　　② 处理商家合作邀请。进入服务台，打开抖音App，点击"我的"—右上角三横杠图标—"创作者服务中心"—"我的星图"或者"商品橱窗"，在常用服务处点击"我的星图"进入达人工作台；点击"我的星图"——任务大厅，可以看到自己收到的商家合作任务，如图8-20所示；点击"我的任务"可以查看收到的任务列表，达人可根据实际情况选择"接受"或"拒绝"任务。任务需要在商家发布的24小时内接受。注意接单时限，若超出时限则系统默认自动拒绝。达人接受任务后可以与商家线下联系，确认合作细节。

　　③ 取消接单任务。点击"任务列表"—"任务详情"进入想取消的任务详情界面，点击右上角的"取消任务"即可。取消赔付规则如下：

　　a. 商家发起取消。达人未接单时取消，无影响。商家下单且达人接单后3天内没有任务动作，无须赔付。执行当天取消任务，100%赔付。

　　b. 达人发起取消。由于达人自身问题，不能履约订单或客户与达人已协商一致和平撤单，客户可联系达人，由达人发起任务取消，达人此任务无结算收入，不会扣除客户任何费用，全额退款给商家。

图8-20 查看商家合作任务

8.2 抖音直播带货

在抖音直播带货，应掌握开播流程和直播软件的使用方法。抖音平台直播可使用手机或相机进行直播。达人使用相机直播时需要下载直播伴侣，进行绿幕抠图、图片素材添加、绿幕大屏等功能操作。

8.2.1 直播带货流程

达人可以使用手机或相机进行直播，使用手机和相机进行直播的流程略有不同，可使用抖音直播伴侣软件进行直播间的设置，并使用巨量百应查看直播间详细数据。

视频8-2
直播带货流程

1. 创建直播间

（1）使用手机直播。

① 开播入口。打开抖音App，点击下方的"+"，再点击"开直播"，即可看到直播前准备界面，如图8-21所示。

② 填写相关字段，完善直播信息，如图8-22所示。

抖音电商 直播运营

封面图建议：
- 主体突出；
- 画面干净、与直播内容一致；
- 忌网搜图、拼接图

标题建议：
- 正能量；
- 突出产品/直播间亮点；
- 有电商"标识"

图8-21　手机开启直播　　　　　　　图8-22　完善直播信息

封面：贴合直播内容/真人照片，有助于用户进入直播间（正方形最佳）。

标题：反映直播内容，吸引用户观看（10字以内）。

选择直播内容：搜索"购物/电商"并选中，有助于获得更多兴趣相投的观众。

选择话题：添加适配的话题，有助于获得更多精准流量曝光。

③往直播间购物车添加商品。

先添加商品再开播：在开播前准备页面点击"商品"按钮，如图8-23所示。

先开播再陆续添加商品：在开播界面，点击购物车标志—"添加直播商品"，如图8-24所示。

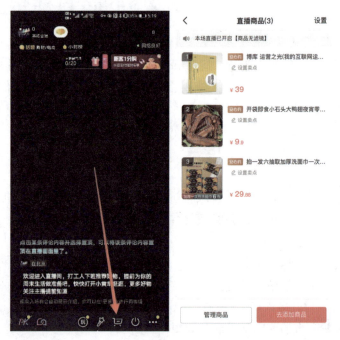

图8-23　先添加商品再开播　　　　　图8-24　先开播再陆续添加商品

接着需要选择本场直播售卖商品，选择商品的几种方式如下。

我的橱窗：直接从"我的橱窗"选择商品（需要提前从选品广场把商品添加到商品橱窗），支持关键词搜索。

我的小店：如果是与商家店铺有绑定关系（店铺的官方账号或自播账号）的抖音号，系统会自动读取对应店铺中在售的商品，点击"我的小店"，即可看到对应商品，可直接添加到直播间。

专属商品：参与了专属计划的达人，可以看到专属计划内可售卖的商品（仅抖音）。

粘贴链接：如果和商家建立了联系，已经拿到了要推广商品的链接，点击右上角的"粘贴链接"，可以直接复制链接添加商品，如图8-25所示。

设置商品卖点：选择商品完成后，返回购物车界面，点击"管理"，可进入直播商品管理页面，在此可以设置商品卖点，如图8-26所示。

图8-25　粘贴链接　　　　　　图8-26　设置商品卖点

设置卖点：支持输入15字以内的商品卖点，商品卖点会展示在直播间购物车列表中，利用卖点有助于提升转化。

调整商品顺序：按住商品末尾的移动按钮，可以移动调整商品的顺序。

批量操作：可以批量删除或批量置顶商品。

（2）使用计算机直播。使用计算机进行直播带货，需要使用摄像头或相机进行直播，配合直播伴侣软件推流到抖音平台。当前直播伴侣支持Windows7、Windows8、Windows10系统，可登录抖音官网下载，如图8-27所示。

① 选择要直播的平台并登录。选择要直播的平台（当前支持抖音、抖音火山版、西瓜视频），扫码（图8-28）或者用手机号均可登录。

② 添加直播画面。

切换横竖屏：先切换成竖屏画面，更好地适配用户观看时的手机画面，如图8-29所示。

图8-27 抖音直播伴侣官网

图8-28 扫码登录

图8-29 切换横竖屏

选择摄像头：建议连接一个单反相机，选择单反相机的摄像头后，就可以在软件中看到摄像头拍摄的画面了，如图8-30所示。

自动适配界面大小：右击画面，在弹出的快捷菜单中选择变换—平铺缩放，画面就自动适配竖版界面的大小了，如图8-31所示。

图8-30 选择摄像头

图8-31 自动适配界面大小

③ 添加素材。点击"添加素材"，选择"窗口"，就可以选择一个当前计算机已经打开的程序（如PPT），放到直播间上，如图8-32所示。

 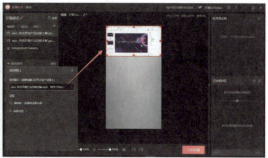

图8-32 添加素材

删除或隐藏素材：选择其他素材，如图片、视频、截屏、投屏等，如果素材需要调整，还可以"删除"或者"设为隐藏"，如图8-33所示。

 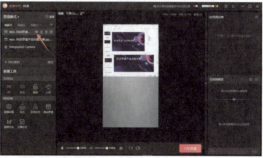

图8-33 删除或隐藏素材

④ 开始直播。点击"开始直播"，即可开始直播，如图8-34所示。

学会以上操作，就可以开始直播了，另外，在直播伴侣软件中，还可以进行连麦、PK、福袋等多种设置。

图8-34 开始直播

2. 创建直播商品计划

（1）直播商品计划的使用场景。

① 直播前，从容准备。主播可以同时创建和维护多个常用的直播商品计划。每场直

播前，只需要提前检查好该场次的直播计划和待播商品，如有临时变化，也可以随时调整计划。

直播前，快速生成直播预告：现支持通过将直播计划一键导入直播预告，发布直播预告，即可引导用户在抖音搜索主播的昵称，或是访问店铺页、抖音个人主页，提前了解直播信息或者把直播预告分享到社交媒体，为直播进行蓄水。

扩展资料8-2
抖音直播伴侣

② 直播中，一键上架。在直播开始后，可以一键添加对应直播计划的商品到待播商品列表中，并将待播列表中的商品按照主播的讲解节奏上架到直播间，操作便捷、可实时灵活调整，无须担心现场慌乱引发的误操作。

③ 直播后，精准复盘。可以复盘直播商品计划历史被应用到不同直播场次的商品数据，分析对比不同商品组合的成交数据，为下一场直播选品提供决策建议。对于历史表现优秀的货品组合，下次直播时可以一键挂车。

（2）添加直播商品计划。在巨量百应平台中可以添加直播商品计划，具体操作逻辑如图8-35所示。

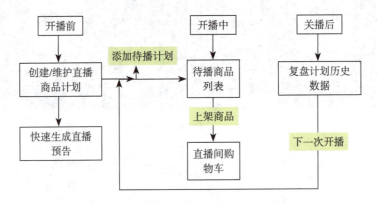

图8-35　添加直播商品计划操作逻辑

① 功能入口。在巨量百应工作台点击"直播管理"—"直播商品计划"进行设置，如图8-36所示。一条完整的直播计划包括基础信息和商品列表。

图8-36　在巨量百应工作台添加直播商品计划

② 直播前，创建直播商品计划。填写该直播计划的名称、备注，用于标注不同直播商品计划的使用场景，可以区分不同直播场次的直播日期、商品类目、售卖品牌、主播等（仅作为直播团队内部参考，不会展现给直播间用户），如图8-37所示。

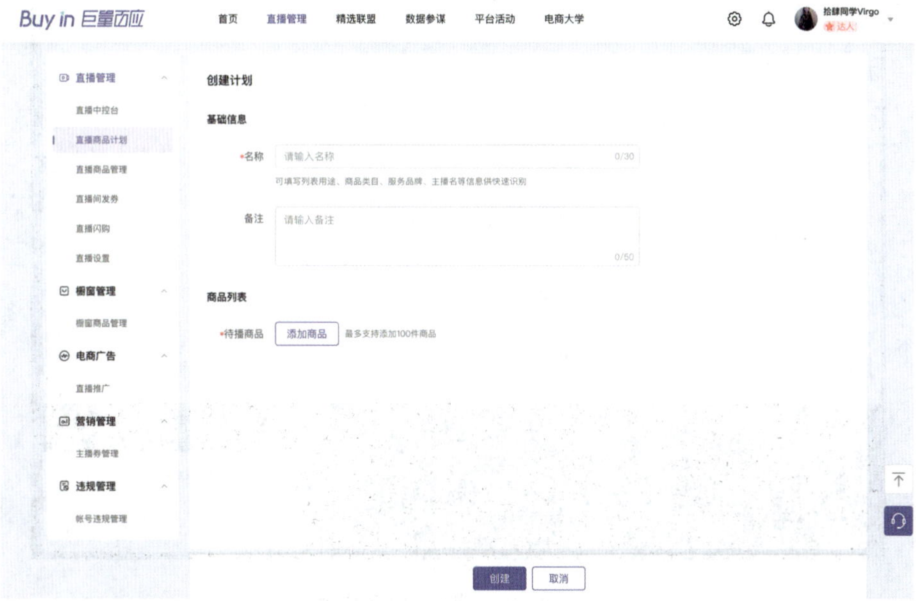

图8-37 创建直播商品计划

③ 添加待播商品。每条直播计划最少添加1个商品，最多可以添加100个商品，如图8-38所示。已经添加到直播计划的商品，支持随时删除和新增商品，修改商品的卖点，如图8-39所示。添加完成后，点击"创建"按钮即可创建成功。

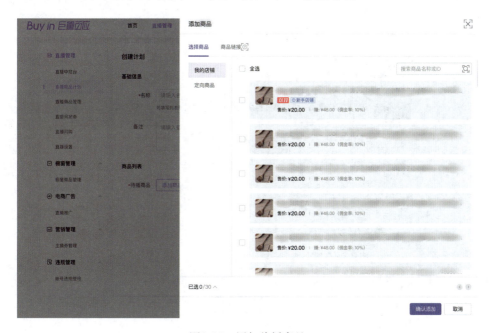

图8-38 添加待播商品

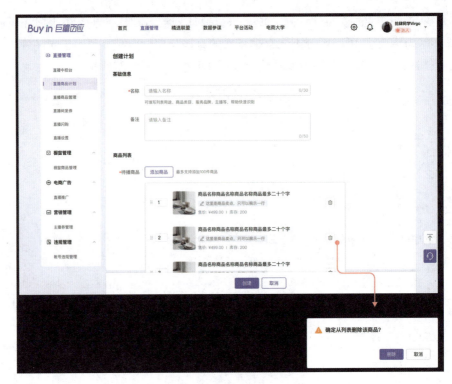

图8-39 删除待播商品

④ 开播前,支持快速创建直播预告。点击"成功创建计划"后,可点击"发布预告"按钮,前往预告发布页面,如图8-40所示。当成功创建计划后,可在列表中进行查看、编辑、删除等操作,可在对商品计划进行商品、价格与卖点等信息核对完成后,通过发布预告入口进行快速创建直播预告。

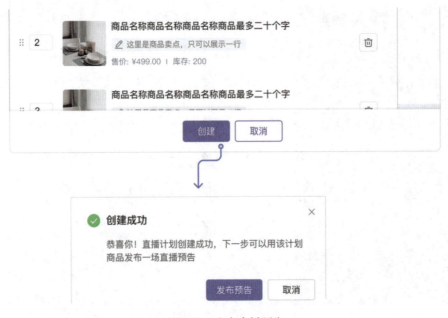

图8-40 发布直播预告

（3）管理直播商品计划。针对已经创建成功的直播商品计划，可以点击"预览商品列表的信息"（包括标题、主图、价格、库存、卖点等），若商品状态为"被封禁"或者"已下架"，也会同步展示在计划商品列表中，如图8-41所示。在此处可以灵活查看历史直播商品计划的数据信息，也可以删除不再使用的计划。

图8-41　管理直播商品计划

（4）开播后，上架待播商品到直播间。在巨量百应开始直播后，点击"待播商品"按钮，可以选择任意一条已创建好的计划，将其添加到待播商品列表中，如图8-42所示。

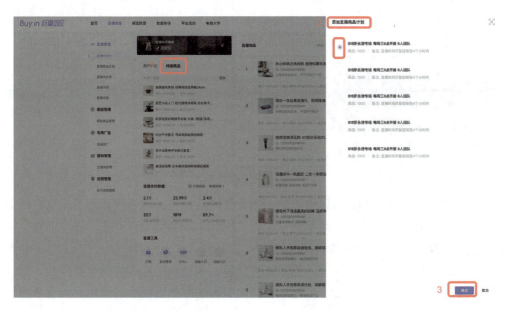

图8-42　上架待播商品到直播间

对于已经添加到待播商品列表中的商品，可以一键上架商品到直播间购物车。

对于已经添加到直播间购物车的商品，在"待播商品"列表中的状态会自动显示"已在架"，并提示商品在购物车中的序号，如图8-43所示。

图8-43 提示商品序号

若删除了购物车"已在架"的某款商品，该商品在"待播商品"列表中的状态也会还原为未上架状态，可以通过待播商品列表再次上架。

3. 复盘直播计划

在直播结束后，可通过最近使用时间回顾、历史直播数据回顾功能，复盘近期直播数据。

扩展资料8-3
巨量百应

（1）最近使用时间回顾。针对历史直播场次中已经使用过的直播商品计划，可以回顾该计划最近一次被应用的直播时间，复盘关键动作，如图8-44所示。

图8-44 最近使用时间回顾

（2）历史直播数据回顾。可以点击某一条直播商品计划，查看该计划下历史直播场次的观看人次、购物车点击次数、商品点击次数、成交金额等数据；点击"查看详情"可跳转查看更多数据指标，如图8-45所示。

（3）结束直播，计划自动清空。当结束直播后，本场次已经添加的直播商品计划会自动清空，不会保留至下一次开播。当再次开播时，再次添加该场次需要用到的直播商品计划和待播商品列表即可。

图8-45　历史直播数据回顾

8.2.2　直播绿幕大屏

达人使用绿幕抠图时，可配合使用抖音直播伴侣的绿幕大屏功能。绿幕大屏功能具有丰富的扩展性，可以让绿幕直播画面信息更加丰富，从而提升直播效果。

1. 直播绿幕大屏介绍

绿幕大屏是基于绿幕背景的直播间新型装修工具，商家/达人可以通过上传提前制作好的商品图片素材或使用官方提供的商品模板，在直播间背景中实时展示商品信息，包括品牌名称、商品名称、商品主图、直播间活动价格、商品卖点、折扣力度等关键信息。用户进入直播间后，可以更直观地了解到商品核心卖点及价值，看播体验明显提升，从而促进直播间商品的有效转化。绿幕大屏装修效果如图8-46所示。

直播绿幕大屏的优点如下：

（1）成本更低。使用平台官方推出的绿幕大屏功能，无须采购专业硬件设备，几乎零成本，新手直播也可以快速上手。

（2）自定义灵活操作。既可以通过系统直接抓取商品详情页图片和关键元素、自动填充背景模板，也可以自行上传其他设计素材，一键生成背景模板，操作便捷。

（3）多种使用场景无缝切换。抖音直播伴侣提供了多种商品模板，包括新品发布、日销款、福利款、促销款等常用商品模板，达人可以根据直播间讲解商品的节奏，随时切换和转场。

2. 直播绿幕大屏设置

（1）功能入口。进入抖音直播伴侣，点击"直播工具"—"基础功能"—"绿幕大屏"。

在直播前与直播中均可使用直播绿幕大屏，选择抖音或者火山App开播，并且需要选择常规模式，才能使用绿幕大屏功能，但OBS推流模式和语音直播不支持此功能。

图8-46 绿幕大屏装修效果

（2）配置商品背景模板。

① 选择背景模板类型。添加商品信息前，需要先选中该商品将要在直播间展现的背景模板类型，如新品推荐、热卖爆款、降价促销款、宠粉福利款、虚拟商品等。不同模板呈现给直播间观众的核心信息和视觉效果有所不同，不同模板对应的使用场景推荐如图8-47所示。

图8-47 不同模板对应的使用场景

② 选择模板背景色。基于所推商品的主图基调并结合该场直播间希望营造的整体氛围，自主选择不同商品背景模板的不同背景色，暖色调和冷色调的背景氛围都可以，如图8-48所示。

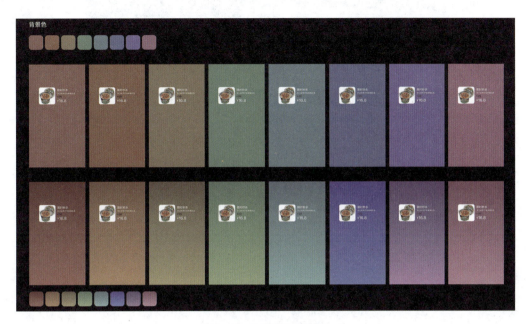

图8-48　选择模板背景色

③ 导入、添加商品信息。

搜索商品自动添加：输入商品ID或者选择商品链接，点击"搜索"，添加已经上架到抖音电商平台的商品。如果能正常找到该商品，则系统会自动填充"商品图片""商品标题""直播间价格"三个默认信息，其余信息需要手动填写。如果无法找到该商品，需先前往店铺后台，检查商品状态是否异常（如无库存、已下架、被封禁等）。

手动上传：如果对系统自动抓取的商品图片不满意，也可以手动上传商品素材图片进行更换。上传的图片尺寸建议在300像素×300像素以上，长宽比例需符合1∶1正方形尺寸，大小最好不超过3M，否则系统会自动按照1∶1的尺寸截图适配。上传完图片后，需要按照系统提示输入品牌名、商品短标题（不超过10字）、直播到手价、活动形式、折扣力度等信息。

若添加的商品素材符合规范，点击"加入背景池"按钮，即配置成功，可预览模板效果，则提交成功，如图8-49所示。

④ 预览背景模板。配置完成后，进入直播伴侣的绿幕大屏功能下的"背景板使用"界面，可以上下滚动查看多个已配置成功的背景板，包括模板名称和模板预览图片，鼠标光标移动到某个模板上方，点击预览该模板的展现样式。

（3）使用和切换直播间商品背景。

① 商品A，使用背景模板A。在讲解商品A前，进入背景板使用界面，先选中对应的背景模板A，点击下方的"背景板使用"标签，直播伴侣的素材列表区即会增加商品A对应的"绿幕大屏模板A"素材。

图8-49 预览模板效果

直播伴侣的画布区会自动增加选中的绿幕背景素材,右击素材即可自行调整(包括修改素材位置/尺寸大小、旋转、排序、锁定等),设置步骤与直播伴侣日常添加素材的操作一致。如果此时需要修改背景板配置,双击画布区的背景板素材即可。

② 商品B,切换背景模板B。当需要调整讲解商品B,同时切换直播间背景时,只需要选择商品B对应的背景模板,再次点击"背景板使用"标签即可,绿幕大屏模板所展现的素材会同步切换为背景模板B的展示效果,直播间观众也将同步看到背景商品素材的切换。

③ 选择直播间展现样式。若在直播伴侣中设置横屏直播,则绿幕商品背景默认为居中展现在屏幕中间。若选择了竖屏直播,则绿幕商品背景会自动铺满整个屏幕。

④ 支持多场景、画面来回切换。如果一场直播需要转场切换多个场景(包括摄像头、图片素材、贴片,形成一个完整的直播间画面),系统将仅记住该场景下使用的背景模板。例如,场景1添加了模板A,场景2添加了模板B,当需要从场景2切换到场景1时,场景1会自动清空模板B,仍然展示模板A;当再次切换回场景2时,则场景2仍然展示模板B。

(4)批量删除。如果不再需要维护之前创建的背景模板,可以在背景列表中移动鼠标左键进行批量选择,或者单击多个模板分别勾选,然后点击右上角的"批量删除"按钮,将不满意的模板删除。

(5)绿幕场地布置方法。绿幕需平整悬挂,光照均匀无阴影,直播间的人和物品需远离绿幕(建议距离2~3米)。主播不可穿绿色或半透明的衣服,不可佩戴或摆放反光的饰品或物品;直播间不可摆放绿色或半透明的物品。

(6)绿色商品抠图。点击直播伴侣中的摄像头设置,可以修改抠图颜色为蓝色、绿色等,如图8-50所示。

图8-50 切换抠图方式

（7）灯光布置建议。建议灯光摆放在人物与绿幕之间，均匀照亮绿幕，且保证人物影子不会出现在绿幕上。

8.2.3 达人专属价商品和主播提词卡

若主播拥有优质供应链，拿到的商品价格较低，可使用达人专属价功能。在主播直播过程中，忘词是最容易犯的低级错误。为了解决这个问题，可以使用主播提词卡功能。

1. 添加和推广达人专属价商品

达人专属价是一种全新的单品促销工具，支持商家为指定达人配置商品的专属价格、专属库存、专属佣金和生效时间，仅在配置生效的达人直播间和橱窗展示。

（1）设置达人专属价/库存。仅商家能在抖店营销中心配置商品的日常价、专属价、专属库存、专属佣金，不支持达人修改商品的专属价格。当商家在抖店营销中心修改专属价格、库存、佣金后，达人在巨量百应看到的信息会同步更新。只有当商家配置好专属价格，达人在巨量百应直播中控台按照专属价上架商品并开播之后，用户在直播间购物车才能按照专属价购买商品。达人专属价操作示意图如图8-51所示。

专属价的概念仅在直播期间生效，达人未直播时，不可设置商品价格按照专属价展示给消费者。支持人店一体商家在直播间自卖专属价商品，默认佣金为0元，商家可以通过该功能自主分配专属价和库存给自卖渠道。

（2）达人管理专属库存。达人可以修改的是上架库存，在剩余可售库存范围内，针对达人专属价商品，达人在开播期间可以灵活分配每次上架到购物车的库存。

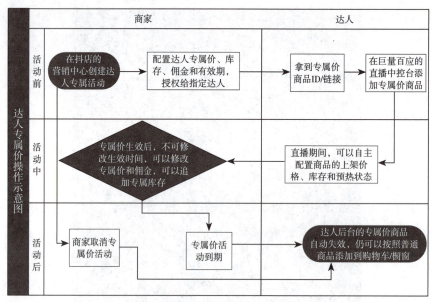

图8-51 达人专属价操作示意图

【案例】若达人A每次仅配置上架库存5件,则消费者在购物车看到该商品的库存会显示仅5件。剩余可售库存达人不可修改,系统自动计算。剩余可售库存在开播期间是一个动态递减的数值,根据商品售卖情况实时扣减。针对达人专属价商品××,假设总库存为5000件,若商家给达人A分配专属库存为800件,开播后,××商品在达人A直播间实时售卖了100件,则达人A在后台看到的实时剩余可售库存为700件。

(3)达人设置库存操作流程。

① 拿到专属价商品ID,在巨量百应中添加商品。在巨量百应直播中控台中点击"添加商品",在弹出的页面中选择商品—专属价商品或粘贴商品链接两种方式,查找和添加专属价商品到直播间,可查看商品的日常价、专属价、专属佣金、佣金率和专属价生效时间,如图8-52所示。

图8-52 在巨量百应中添加商品

注意：仅支持巨量百应PC端添加和编辑，移动端暂不支持。当达人在巨量百应后台将商品价格切换为显示日常价/专属价时，达人在移动端个人直播间和橱窗看到的商品价格也会实时同步。

②设置商品上架状态。

分别设置：若已经选择了专属价商品，点击"下一步"，即会出现专属价商品设置；可对每一款商品分别勾选"日常价添加"和"预热添加"，如图8-53所示。

开播前：默认按照日常价添加到直播间，无须勾选该选项。

开播中：自主勾选是否按照日常价添加、预热添加形式上架到直播间。

批量设置：点击"全部预热""全部日常价"，进行批量设置。

全部预热：所有专属价商品将全部显示为预热状态，用户能在购物车/橱窗看到该商品，但不能购买。

图8-53　分别设置

全部日常价（开播前添加默认状态）：直播间商品售价将展示日常价，用户下单将以日常价购买。

③修改专属价商品在直播间的展示状态。在巨量百应直播中控台"直播商品列表"模块可查看已添加到直播间的专属价商品（带有"专属"标识），可以分别修改每一款专属价商品的上架状态、上架库存和上架价格，如图8-54所示。

图8-54　修改专属价商品在直播间的展示状态

切换预热/开售两种状态操作步骤：点击"直播商品列表"—"专属价商品设置"—"显示预热/立即开售"。直播期间，支持针对每一款专属价商品，来回切换开售/预热两种显示状态。

当设置商品状态为预热上架时，在巨量百应直播商品列表中会看到该商品显示为"预热中"，用户在直播间点击购物车，或者在商品橱窗都可以正常浏览该商品，但不可购买。点击"立即开售"，即可恢复正常可售卖状态。

④ 切换日常价/专属价。

操作步骤：在巨量百应平台点击"直播商品列表"—"专属价商品设置"—"显示日常价/显示专属价"进行设置，如图8-55所示。

图8-55　切换日常价/专属价

开播中，点击"商品设置"下的"显示专属价"按钮，即可将购物车商品的展示价格切换为专属价。点击"显示日常价"即可切回商品日常价。当设置商品价格为日常价上架时，用户将按照日常价在购物车/商品橱窗中购买。未开播时，系统默认仅支持日常价上架，不可切换为专属价上架。

⑤ 配置和修改上架库存。

直播前：点击"添加商品"—"配置初始上架库存"。点击"编辑"按钮（图8-56），即可进入库存设置页面。若达人未操作手动配置和修改初始上架库存，系统初始状态会默认上架当前全部可售库存。

图8-56　配置和修改上架库存

批量上架：针对该专属价商品的所有SKU，批量设置同样的上架库存数量。

全部上架：上架所有SKU的实时剩余可售库存。

批量上架和全部上架如图8-57所示。

图8-57　批量上架和全部上架

直播中：点击"商品列表"—"专属价商品设置"—"修改库存"。达人可以随时修改某一专属价商品/SKU的上架库存，点击"修改库存"按钮即可，操作步骤同上。

查看已上架库存：针对多SKU的商品，点击商品卡片下方售出/库存数值的下画虚线处，可查看每一个SKU的已上架库存，并分别进行修改，操作步骤同上。

（4）管理专属价商品。

① 添加专属价商品到橱窗。在橱窗商品列表中点击"商品类型"，选择"专属价商品"，即可查看所有专属价商品，对应商品会展示"专属价"标志，并支持编辑专属库存和是否预热上架，如图8-58所示。

图8-58　编辑专属价商品到橱窗库存

② 专属价商品在橱窗预热。针对已添加到橱窗的专属价商品，当达人以设置"预热上架"的方式添加到橱窗后，用户将在橱窗看到专属价商品（图8-59），但不可购买。

图8-59 专属价商品在橱窗预热

注意：专属价商品的价格展示状态在商品橱窗无法直接修改，仅在开播期间、在直播中控台可修改。在商品橱窗可以自主修改专属价商品的上架库存，修改方式和第二部分直播中控台一致。

2. 添加主播提词卡

（1）主播提词卡使用场景。

① 备播期间，提前准备。开播前，主播可以在提前创建的直播商品计划及中控商品列表里设置对应的商品提词，也可以使用不同的字体、大小及颜色突出商品卖点。对于不同的待播商品列表中的同一商品，可以根据每场直播的带货主题配置不同的提词内容。

② 开播期间，实时展示。在直播开始后，只需要中控点击"提词"按钮，即会出现商品的提词。此时，打开主播看板，主播便可以实时看到商品提词，同时中控可以向主播发送留言提醒，方便主播根据直播间氛围和用户评论及时增加更多讲解信息。

（2）提词卡设置流程。

① 开播前，提前准备商品提词。

入口一：在巨量百应达人工作台点击"直播管理"—"直播商品计划"—"商品列表"—"设置提词"，如图8-60所示。开播前，主播可以提前创建直播商品计划，并在维护的待播商品列表里设置商品提词。对于不同商品列表里的相同商品，支持设置不同的提词。

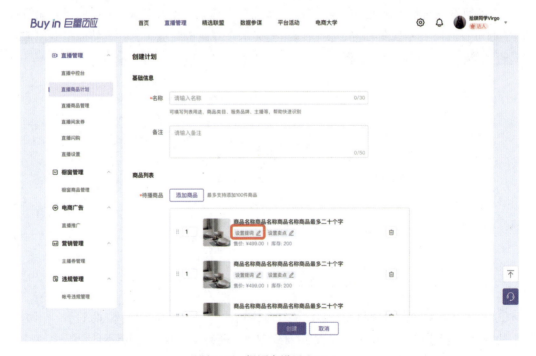

图8-60 提词卡设置入口一

入口二：在巨量百应达人工作台点击"直播管理"—"直播中控台"—"商品列表"—"设置提词"。主播可以直接在未开播的中控商品列表里提前设置商品提词，如图8-61所示。

图8-61　提词卡设置入口二

编辑提词页面：支持提前设置提词文字内容、大小及颜色（字数限制为300字以内），方便突出商品卖点，如图8-62所示。设置成功后，点击"预览提词板"，预览样式即主播最终会看到的提词板样式。

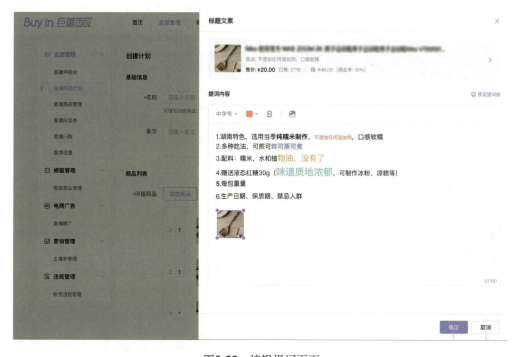

图8-62　编辑提词页面

② 开播时：实时展示/编辑商品提词。直播期间，如需展示某个商品的提词，只需在直播中控台点击"提词"按钮。

入口一：在巨量百应达人工作台点击"直播管理"—"直播中控台"—"直播商品"，再点击"提词"按钮，如图8-63所示。

入口二：在巨量百应达人工作台点击"直播管理"—"直播中控台"—"待播商品"，再点击"提词"按钮，如图8-64所示。

（3）实时提词模块。点击"提词"按钮后，直播中控台会展示实时提词模块，包括商品的主图/名称及提词内容（如果该商品没有提前设置提词且有提词需求，可以及时编辑补充），如图8-65所示。

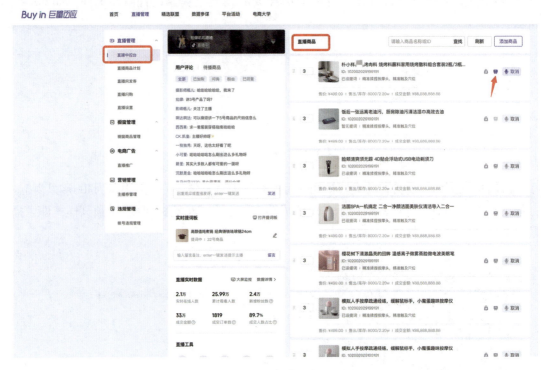

图8-63　开播时编辑商品提词入口一

图8-64　开播时编辑商品提词入口二　　　　图8-65　实时提词模块

在实时提词板页面，中控可以根据直播间氛围和用户评论等信息输入留言备注并发送给主播，强调/增加商品讲解信息或者提醒主播规避违规信息。

（4）主播看板。中控可在开播前创建一个新的浏览器窗口展示主播看板页；开播后，直接点击"提词"按钮即可展示提词内容，此时只需将看板拖动到第二屏，主播便可及时看到当前讲解商品的提词信息以及中控所发送的留言，如图8-66所示。

此外，主播看板还可用于展示商品的基础信息，包括当前商品已讲解时间、商品价格、当前库存和已加购数量，帮助主播判断及调整商品讲解时间及节奏。

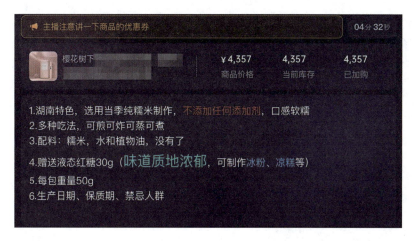

图8-66　主播看板

（5）避免违规话术。

① 开播前，在编辑商品提词时，若该商品有对应的治理规则，页面会展示相应的提示；点击该提示可以查看规则详解，如图8-67所示。

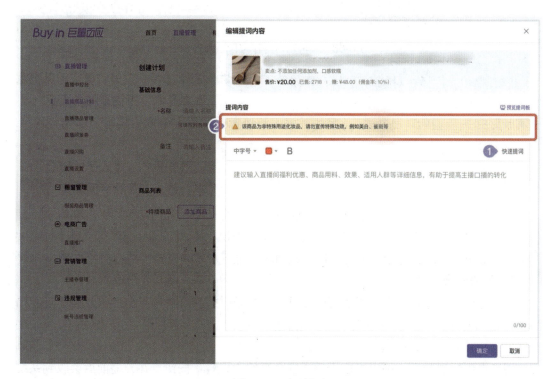

图8-67　页面提示

开播前，编辑完成提词内容后，点击"确定"按钮提交。若提词内容中涉及违规信息或违禁词，系统会自动校验并提醒，有效避免了主播在讲解时违规，如图8-68所示。

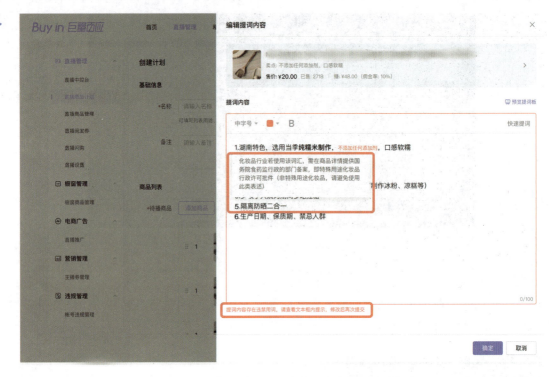

图8-68 编辑题词内容时自动校验

② 开播中，主播在对某商品进行讲解时，切换至该商品提词会出现实时讲解提示，提醒主播规避相应违规信息，如图8-69所示。

ⓘ 讲解提醒

- 该商品材质为 20%~41%棉质，带货讲解需与实际保持一致
- 该商品材质为 玛瑙，带货讲解需与实际保持一致，不可宣称天然宝石等材质

图8-69 主播讲解时违规提醒

8.2.4 促进直播转化工具

开播前，主播可以使用直播贴纸工具，预告下场直播活动开始的时间，从而吸引更多观众进入直播间。在直播时，主播可以引导观众加入粉丝团，方便后期转化。对于观众的评论，主播也需要进行筛选和处理，确保直播顺利进行。

1. 直播预告贴纸

（1）直播预告贴纸简介。主播可以在发布短视频时加入直播预告贴纸，预告下场直播活动开始的时间，将开播信息提前推送给更多有潜在看播兴趣但可能错过直播时间的用户，提升看播量和流量转化率。

用户看到短视频后，可以点击直播预告贴纸的"想看"按钮，在开播前后会收到系统通知。此功能可以提升直播间的转化率，并让主播提前对该场直播的流量有一定的预估，做好充分的前置准备，保障更好的用户互动体验。

（2）直播预告贴纸功能使用说明。

① 操作步骤。在抖音首页点击"+"，添加照片/视频，然后点击屏幕右侧的"贴纸"，选择"直播预告"贴纸，设置好开播时间，即可发布一条直播预告视频，主播会在开播前收到对应的预告开播提醒，如图8-70所示。

| （a）点击贴纸 | （b）选择贴纸样式 | （c）选择直播时间 | （d）完成设置直播预告 |

图8-70　直播预告贴纸功能使用步骤

② 开播时间设置。最多支持预告近7天开始的直播（最晚可设置时间不超过第7天的24：00）；支持预告非整点，如可以选择预告20：50或者21：10的直播场次。

③ 开播提醒。在视频预告的开播时间前10分钟，系统会通过站内消息和站外推送给主播发送开播提醒，引导主播直接到达开播界面，如图8–71所示。注意：若将已发布的视频预告删除，则不会发送开播提醒。

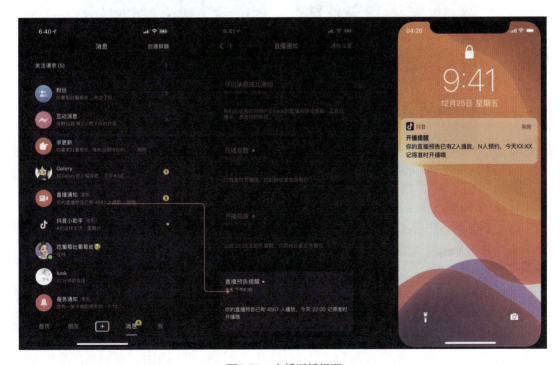

图8-71　主播开播提醒

若主播未能在约定时间前后15分钟内开播，且设置的开播时间过期20分钟，系统将发送"直播预告开播提示"的站内信，提醒主播准时开播。

④ 用户端功能展示。用户看到预告并点击贴纸上的"想看"按钮后，当预告的场次开播后（设置时间前后15分钟内开播），就会收到对应的主播开播消息推送——召回用户进入直播间观看。

（3）主播个人页直播动态。

① 直播预告。主播可以在个人主页设置与修改直播公告，当任意用户访问主播的主页时，都能随时在直播动态栏看到主播发布的直播公告，并标记"想看"进行预约，如图8-72所示。

图8-72　直播预告

② 历史回顾。在主播的个人直播动态里，新老粉丝都能看到主播之前直播场次的历史回顾，让开播历史有迹可循，让主播形象展示更加丰富、立体，如图8-73所示。

新用户能够通过直播动态的回顾与主播产生更强的互动与情感共鸣，建立更强的用户黏性，有效促进转化。

2. 直播商品预告

（1）直播商品预告简介。主播可以提前设置开播时间、宣传banner图片和商品清单、发布直播预告，引导用户提前搜索主播昵称、访问主播个人主页、进入店铺，提前为直播间预热。直播开始前，用户会收到系统开播提醒，给直播间进行引流。发布直播商品预告流程如图8-74所示。

图8-73 历史回顾

图8-74 发布直播商品预告流程

（2）功能开通门槛。要求作者等级为LV4～LV6、带货口碑分≥4.5分。符合标准的主播可以登录巨量百应达人工作台，直播预告页面将为主播自动开通直播预告白名单。

（3）操作说明。

① 进入预告红包创建页面，点击"营销管理"—"红包管理"—"新建红包"—"预告红包"，如图8-75所示。

② 进入直播预告创建页面，点击"直播管理"—"直播预告"—"添加预告红包"，创建预告并关联预告分享红包，如图8-76所示。

③ 填写预告开播时间，上传banner图片，如图8-77所示。

④ 添加预告商品，如图8-78所示。

手动添加商品：必须至少添加3个商品，才可以发布直播预告，并且在用户搜索时展现预告卡片，单条直播预告最多可添加100个商品，如图8-79所示。

关联计划商品：通过选择对应场次的直播计划，点击"全选"，一键选择计划内的商品，完成商品添加，如图8-80所示。

图8-75 创建预告红包

图8-76 创建直播预告并关联预告红包

图8-77　填写预告开播时间，上传banner图片

图8-78　添加预告商品

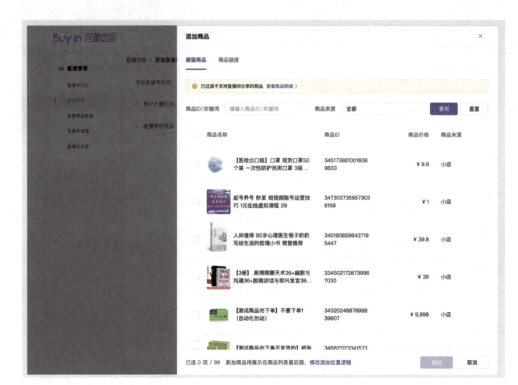

图8-79 手动添加商品

图8-80 关联计划商品

⑤ 添加预告商品卖点。建议为直播预告商品设置卖点，好的卖点可以让更多用户预约直播。

⑥ 点击"发布"按钮，即可成功发布直播预告。

⑦ 获得分享链接。点击"分享"后，即复制了分享链接，可以把预告链接发送到社交媒体或者粉丝群等，分享链接，邀请好友助力，如图8-81所示。

图8-81　获得分享链接

（4）违规判罚说明。若主播存在未准时开播、预告商品未履约、预告价格未履约等违规情况，平台将给予警告处罚，对于连续7天内存在多次违规的主播，平台将暂停并有权永久拒绝主播使用"直播预告"功能。主播若被判罚，将无法发布新的直播预告，7天后须重新符合上述开通条件，才能重新开通直播商品预告权限。

3. 直播间粉丝团

（1）直播间粉丝团简介。粉丝可以加入主播的粉丝团，加入粉丝团后，粉丝可以通过升级来解锁不同的权益和奖励。主播可查看开播时粉丝团成员以及完成任务人数，后续可根据粉丝团成员等级进行粉丝人群运营，如图8-82所示。

（2）粉丝团电商任务。历史粉丝团用户升级路径较为单一，仅可通过赠送粉丝灯牌，增加观看直播时长和礼物赠送实现等级提升。现在等级提升加入了电商任务，如图8-83所示。电商任务与用户在直播间贡献的GMV强关联，通过升级体系引导用户下单，提升直播间整体GMV。

图8-82　直播间粉丝团　　　　图8-83　粉丝团电商任务

（3）粉丝团电商任务的收益。

① 强化直播间电商交易属性人群升级路径，增强电商属性人群对直播间的持续转化。

新粉丝转化成老粉丝：加入粉丝团。

老粉丝转化成新顾客：粉丝团任务引导。

新顾客转化成老顾客：逐步形成用户心智，拉开粉丝团用户等级。

② 粉丝团等级与粉丝消费能力关联，与粉丝消费GMV成明显的正相关关系，粉丝团等级越高，粉丝消费越多。

③ 粉丝团成员可以获得对应直播间更高的站外PUSH的召回概率。

④ 基于电商任务、平台后续对粉丝团产品的规划，增强用户升级利益。

粉丝团画像建设：完善粉丝团画像建设。

专属商品：不同等级粉丝团成员享有专属商品。

4. 管理直播间评论

（1）在巨量百应中控台管理直播间评论。

功能入口：在巨量百应达人工作台点击"直播管理"—"直播中控台"—"用户评论"，如图8-84所示。

图8-84 管理直播间评论功能入口

① 快速回复评论，便捷高效。当直播间用户提出的问题主播无法及时回复时，可由中控或场控在PC端直接回复，告知用户相关信息，及时解决用户疑问，促进转化，如图8-85所示。

图8-85 回复用户评论

方法一：当光标悬停在某个单条用户评论上时，可以点击"回复"按钮、"禁言"按钮和"置顶"按钮。

方法二：点击单条用户评论，即可回复对应内容，回复成功发送后，用户将看到以主播身份回复的评论。

注意：在PC端对某用户的评论执行禁言操作后，该用户在本场直播期间将无法再次发布评论。

② 发布评论，增强互动氛围。主播想活跃直播间氛围或讲解商品补充细节时，可以发送评论，引导用户互动，增加直播间有效评论数量。评论成功发送后，用户可以看到以主播身份发送的评论。

③ 置顶评论，让优质评论上墙。当用户发表的优质评论具有较大价值时，可以将该条评论置顶。鼠标光标悬停在需要置顶的评论上，点击"置顶"按钮即可置顶该条评论，如图8-86所示。

置顶的评论需经过审核，置顶成功将持续展示15秒，若失败请按照提示3分钟后重试。

④ 筛选评论，实现评论分层管理。主播若害怕错过直播间用户有关商品售前售后的疑问，可以点击"问询"查看此类问题并精准回复，防止用户流失。主播若想复查自己有没有对相似问题进行过回复，可以点击"已回复"查看，避免发

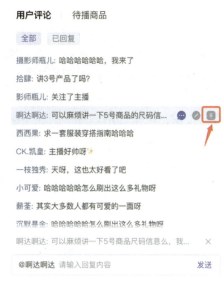

图8-86 置顶用户评论

布重复评论，如图8-87所示。

图8-87 筛选评论

⑤ 聚合相似评论，防止无效刷屏。中控台支持自动聚合相似评论，且对于重复评论，在评论列表里只显示3条，防止错过重要评论。

⑥ 回看评论，精准复盘。在"用户评论"中点击"下载"，可以查看上一场直播的评论，供主播分析复盘，为下次开播提供决策参考。

（2）对用户进行禁言操作。当直播间用户发表不友善言论或刻意的差评时，为了预防恶评发酵，管理员可依照具体情况对用户执行禁言操作。将鼠标光标悬停在需要禁言用户的评论处，点击"禁言"按钮，被禁言用户将不能在主播本次直播场次发言，如图8-88所示。

点击"禁言"按钮后，需进行二次确认，点击"确定"则确认禁言，取消则停止禁言操作。禁言后如需取消，需在移动端对该用户进行取消禁言操作。

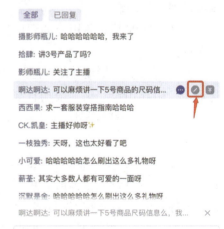

图8-88 用户禁言

8.2.5 实时直播大屏

在直播时，主播可以使用直播大屏实时查看直播数据，根据直播数据的变化调整直播节奏。中控和场控需要及时关注直播大屏，在需要投流的时候发广告，在需要转化的时候提醒主播及时放单。

1. 直播大屏简介

（1）直播数据。直播数据模块可以帮助主播了解直播间核心数据及其变化趋势（图8-89）。直播数据大屏包含核心指标、整体趋势、实时评论、近5分钟数据和正在讲解的商品五大模块。

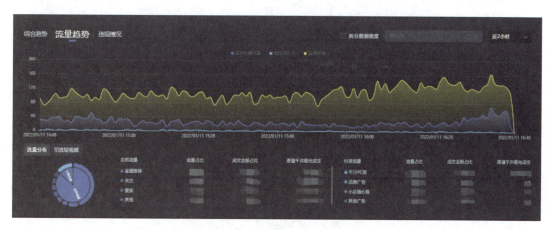

图8-89 直播数据流量趋势

① 核心指标：直播间成交金额、点击进入率、人均看播时长、分钟评论次数、千次观看转化、成交转化率、点击转化率、广告ROI、广告消耗、广告支付转化率、广告成交占比、广告引流占比、新增粉丝数、新加粉丝团人数、成交人数、粉丝购买占比、退款金额、违规次数、实时在线人数。

② 整体趋势：包含综合趋势、流量趋势、违规预警三大模块。

综合趋势：可选七大指标趋势，具体包含成交金额、在线人数、进入人数、UV价值、新增粉丝数、新增评论、新加粉丝团、提供场记、福袋发放、商品讲解时间记录功能。

流量趋势：流量包含付费流量和自然流量两大类。付费流量包含千川PC版、小店随心推、品牌广告、历史广告，自然流量包含短视频引流直播间、直播推荐池、关注、搜索、个人主页、抖音商城、活动页、其他，并展示各细分渠道的成交金额占比和千次观看成交金额。

违规预警：提醒违规行为，展示违规原因、处罚结果和整改建议。

③ 实时评论：可查看全部直播评论或只看老用户的评论。

④ 近5分钟数据：具体包括在线人数、进入人数、净增人数、成交金额、评论次数、单UV价值、新增粉丝数、新加团人数八个核心指标，可选择展示看播和购买用户的差异画像或设置预警播报。

⑤ 正在讲解的商品：展示总成交金额、未支付订单数、近5分钟点击数和近5分钟成交金额四大指标。

（2）实时商品。直播大屏中会显示本场直播所有商品的实时数据（图8-90），让主播能清晰地看到每款商品的数据及问题，及时优化。

图8-90　直播商品实时数据

① 直播大屏包含了每个商品曝光、成交、转化的数据，让主播可以直观识别推荐返场、库存告急、压单商品，及时调整商品讲解顺序、库存及话术。

② 整体趋势：展示直播在线人数和成交人数趋势变化。

③ 正在讲解商品：具体包括近5分钟点击数、近5分钟成交金额、累计成交金额、累计曝光成交转化率、单分钟最高GMV、累计成交件数、累计讲解次数、未支付订单数，可切换商品整场成交、点击趋势图八个商品指标。同时，支持查看SKU明细数据，具体包括成交金额、订单数量、未付款数和存款数量。

④ 商品列表：帮助商家和主播了解商品的基本信息、累计流量、成交数据和近5分钟数据，支持查看SKU数据明细；根据近5分钟点击数、累计成交金额、单分钟最高GMV、累计成交转化率，提供推荐返场商品；商家和主播可及时了解库存较低商品和未支付订单商品，补充商品库存，引导用户支付。

（3）实时人群画像。实时人群画像大屏可以让主播实时监测直播间看播、购买用户画像变化及差异点，及时调整选品及互动策略，如图8-91所示。

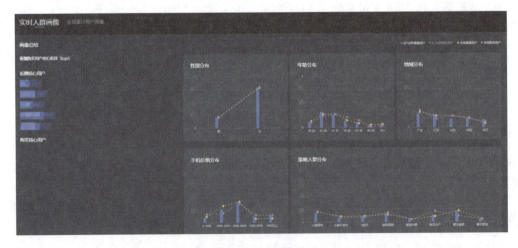

图8-91　人群画像

① 用户画像：支持按照近5分钟/全场用户，查看看播/购买用户的性别、年龄、地域、手机价格带和策略人群分布状况。

② 画像总结：展示看播、购买用户标签和TOP3差异点，帮助主播定位看播未购买用户的人群画像。

2. 直播大屏使用方法

操作入口：进入抖音电商罗盘首页，点击"近期直播"—"大屏"，如图8-92所示。

（1）通过数据分析趋势，及时调整商品讲解节奏。

关注成交金额和观众人数变化趋势，通过数据可以了解流量变化和商品成交之间的关系，挖掘店铺爆品，调整讲解时间。随时记录直播中的突发状况和主播话术（图8-93），以便及时复盘。观察福袋发放后直播间的流量和销售表现，找到能够让福袋发挥最大作用的时间点，复制互动策略。

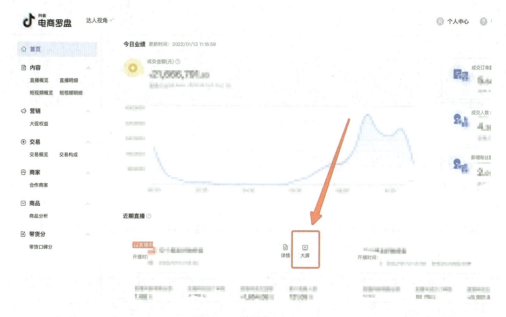

图8-92　直播大屏入口

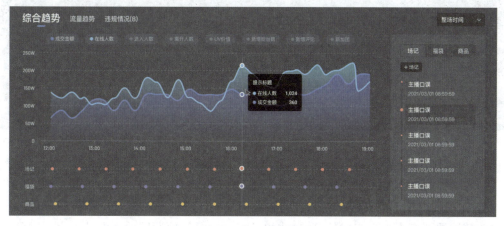

图8-93　标记主播问题

（2）发现违规预警，及时调整直播话术。第一时间接收直播间的违规情况预警，及时整改，避免频繁违规影响直播间的销售和流量，如图8-94所示。

（3）了解各渠道流量变化趋势，调整投流策略。当直播间流量过低时，可点击大屏上方"千川投放"直接跳转投流页面。当实时在线人数大于某个值时，提醒主播上架引流/秒杀品，留住涌入流量，提高直播间转化率。

图8-94 违规预警

分析各细分流量占比和各流量渠道的GPM（千次曝光成交销售额）转化率，同时可以看到各渠道的成交金额占比，直观地看到哪个流量渠道能给店铺带来更多销量，调整投流策略。

方便查看每条引流短视频的曝光/引流数据，给曝光进入率高的短视频增加投流，为直播间吸引流量，如图8-95所示。

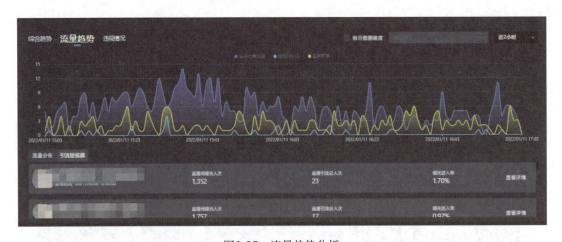

图8-95 流量趋势分析

（4）了解商品库存状态，发现压单商品。

① 如果用户拍下商品但未付款，此时该商品为压单状态。通过压单商品列表，主播可以清楚地看到有多少未支付的订单（图8-96），可灵活地运用话术引导用户支付，打消

用户顾虑。

② 通过库存告急商品列表，主播可以了解哪些商品库存不足，避免库存影响直播销售。若商品库存告急，可点击右上角的"添加商品"便捷地跳转到添加商品库存页面。若提前发现部分商品库存较少，主播可及时调整商品讲解顺序，重点讲解那些库存充足的商品。

图8-96　压单商品

8.2.6　复盘直播数据

巨量百应的自播诊断功能可以让直播运营团队在下播后复盘整场直播数据，找出直播中的关键节点及数据，不断优化直播脚本和流程，优化各项直播数据。

1. 自播诊断

自播诊断可以帮助主播进行每场直播的复盘。诊断包含自播诊断、达人代播诊断、服务诊断三个模块。其中，自播诊断包含整体诊断、流量规模诊断、流量效率诊断。对商家整体自播情况进行数据诊断、归因，可以帮助商家不断优化自播策略。

操作入口：进入抖音电商罗盘，点击"诊断"—"自播诊断"。

（1）自播诊断的作用。

① 精确诊断。查看店铺自播各项指标的准确数值，了解同行业、同层级商家对比和历史变化情况。

② 问题归因。基于自播指标诊断的问题，归因至具体的直播间，再具体查看单个直播间的详细数据。

（2）自播诊断具体模块介绍。自播诊断即对由官方账号和店铺绑定渠道号带本店铺商品的自播成交金额进行评估，得出整体诊断结论，整体基于流量规模和流量转化率两个维度来拆解，基于这两个维度下的八项关键指标来诊断，支持按昨日/近7日/近30日查看数据。

流量规模和流量价值分别对应四个具体诊断数据指标，每个指标会基于同行业、同规模商家数据和商家历史数据判定是否为待改进指标。

① 整体诊断。

自播成交金额=直播间浏览量（流量规模）×千次观看成交金额（流量价值）（8-1）

整体诊断包括自播成交金额、整体诊断结论和趋势图。其中，整体诊断结论为基于店铺的自播成交金额在同行业、同规模商家比较下所处的水平，同行业为选取近30天内为商家贡献GMV最大的垂直类作为所属行业，同规模为基于商家日均GMV在同行业内的排名来归类，如图8-97所示。

图8-97 自播诊断数据

诊断结论具体定义如下：

优秀：成交金额超过同行业、同规模75%及以上。

普通：成交金额超过同行业、同规模25%～75%（包含25%，不包含75%）。

落后：成交金额超过同行业、同规模25%以下（不包含25%）。

暂无：新开店未满30天或者没有同行业、同规模定义的时候。

② 流量规模诊断。流量规模诊断包括诊断指标具体值、整体诊断结论、趋势图和具体影响的TOP3直播间。

流量规模具体内容包括直播间近7天浏览量、待改进指标和其他重点关注指标三个模块，如图8-98所示。

图8-98 流量规模数据

其他重点指标如下。

直播间浏览量：直播间累计观看次数量。

有效直播时长：直播超过25分钟的直播间的总时长。

人均观看时长：直播间的用户看播时长之和÷直播间看播人数之和。

平均在线人数：直播间每分钟在线人数之和÷直播间开播时长（单位：分钟）。

最高在线人数：直播间的最高同时在线人数（取所有直播间中的峰值）。

③ 流量效率诊断。流量效率诊断包括近7天千次观看成交金额、待改进指标和其他重点关注指标三个模块，如图8-99所示。

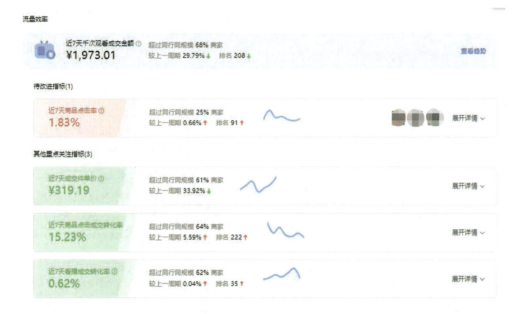

图8-99　流量价值数据

其他重点指标如下。

千次观看成交金额：成交金额×1000÷直播间浏览量。

商品点击率：商品点击次数÷商品展示次数。

商品点击成交转化率：商品下单支付次数÷商品点击次数。

看播成交转化率：直播支付订单数÷直播间浏览量。

成交件单价：成交金额÷成交件数。

（3）自播诊断数据解读。解读自播诊断数据需要从整体拆解到核心指标再分析明细定位问题，结合多个指标表现得出结论并制订解决方案，具体解读步骤见表8-5。

表8-5　解读自播诊断数据步骤

步骤	目的	数据表现	解读结论
1. 了解整体情况	整体自播怎么样	近30天自播成交金额超过同行业、同规模50%商家，环比上升14.3%，排名上升11名	处于中等位置，在进步中但还有较大空间，具体应从流量规模和转化率两方面分析

（续表）

步骤	目的	数据表现	解读结论
2. 定位问题方向	流量规模怎么样	近30天看播次数超过同行业、同规模69%商家，环比下降24.32%，排名上升9	处于中上位置，是商家自播有相对优势的方面，猜测是大盘分配流量下降，但得益于上涨的直播时长以及平均观看时长，商家相对下降较少
	流量转化率怎么样	近30天千次曝光成交金额超过同行业、同规模38%商家，环比下降39.37%，排名下降3	流量效率明显是商家当前自播的短板，而且这个短板有越来越短的趋势，需要高度重视
3. 定位问题结论	哪个流量指标需要提升	平均在线人数与最高在线人数相较上个周期明显下降，且显著低于同行业平均水平。人均停留时长依旧表现优秀，高于同行业优秀水平	流量规模方面需提升流量获取能力
	哪个转化指标需要提升	商品点击率和看播成交转换率在同行业、同规模中均只有30%左右名次，成交件单价超过85%的商家	转化率方面需要适当降低客单价提升转化率
4. 输出解决方案	该流量指标如何提升	较为明显的下滑发生在×月×日之后的两天。平均在线人数最少的直播间TOP3有两个开播时间都在中午	复盘×月×日左右经营运作、直播风格、商品变化，选取晚间时间进行直播
	该转化指标如何提升	—	尝试选择部分件单价较低秒杀品，拉动整体点击率以及看播成交转化率

2. 数据指标定义

（1）数据概览。数据概览包括全部直播及短视频的成交金额、成交订单数和成交人数指标。"今日"是实时数据，其他日期范围为更新至前一日数据。

① 成交金额：小店带货商品支付成功或货到付款确认的订单金额汇总（包含抖音、火山、抖音极速版等所有端，不包含第三方数据），包含退款金额。

② 成交订单数：小店带货商品支付成功或货到付款确认的子订单汇总（包含抖音、火山、抖音极速版等所有端，不包含第三方数据），包含退款订单。

③ 成交人数：小店带货商品支付成功或货到付款确认的用户数汇总（包含抖音、火山、抖音极速版等所有端，不包含第三方数据），包含退款人数。

④ 成交金额（直播期间）：该达人直播期间带货商品支付成功的订单金额汇总，包含退款金额。

⑤ 成交订单数（直播期间）：该达人直播期间带货商品支付成功的子订单数汇总，包含退款订单。

⑥ 成交人数（直播期间）：该达人直播期间带货商品支付成功的用户数汇总，包含退款人数。

⑦ 成交金额（短视频）：该达人短视频带货小店商品支付成功或货到付款确认的订单金额汇总，不包含三方数据，包含退款金额。

⑧ 成交订单数（短视频）：该达人短视频带货小店商品支付成功或货到付款确认的子订单数汇总，不包含三方数据，包含退款订单。

⑨ 成交人数（短视频）：该达人短视频带货小店商品支付成功或货到付款确认的用户数汇总，不包含三方数据，包含退款人数。

（2）直播列表。

① 成交金额：达人在该场直播期间商品支付成功订单金额，包含直播时达人在直播间所带店铺商品在全部入口（含达人橱窗、短视频、搜索）的成交金额。

② 累计在线人数：直播间累计观看人数。

③ 平均停留时长：直播间人均看播时长。平均停留时长=本场直播间观看总时长÷直播观看人数。

（3）直播详情。

① 直播期间成交金额：达人在该场直播期间商品支付成功订单金额，包含直播时达人在直播间所带店铺商品在全部入口（含达人橱窗、短视频、搜索）的成交金额。

② 直播期间成交人数：达人在该场直播期间商品支付成功人数，包含直播时达人在直播间所带店铺商品在全部入口（含达人橱窗、短视频、搜索）的成交人数。

③ 平均在线人数：本场直播平均每分钟的在线人数。平均在线人数=本场直播间观看总时长÷直播时长（分钟）。

④ 人均观看时长：本场直播间观看总时长÷直播观看人数。

⑤ 新增粉丝数：本场直播间新增粉丝人数（去重），关注后取消重新关注仅计算为一人。

⑥ 新加团人数：本场直播间新加入粉丝团人数（去重）。

⑦ 直播间商品曝光人数：本场直播商品曝光人数（去重）。

⑧ 直播间商品点击人数：本场直播商品点击人数（去重）。

（4）趋势分析。

① 实时在线人数：本场直播每5分钟在线人数的最大值。

② 评论次数：本场直播每5分钟的累计评论次数。

③ 点赞次数：本场直播每5分钟的累计点赞次数。

④ 直播期间待支付金额：本场直播每5分钟内最后1分钟直播期间待支付的订单金额。

⑤ 直播期间成交金额：本场直播每5分钟直播期间成交金额的汇总值。

（5）流量分析。

① 进入直播间人数：通过各种流量来源进入直播间的人数（去重）。

② 商品曝光人数：本场直播商品曝光人数（去重）。

③ 商品点击人数：本场直播商品点击人数（去重）。

④ 直播间创建订单人数：本场直播商品生成订单的人数。

⑤ 直播间成交人数：本场直播商品支付成功的人数。

（6）直播商品。

① 成交金额：该商品支付成功的订单金额。

② 成交件数：该商品支付成功的商品SKU数量。

8.2.7 抖音直播带货常用工具

抖音直播带货常用工具有手机、麦克风、补光灯等硬件，以及直播伴侣等软件，这些在前文已介绍，此处不再赘述。除了以上硬件和软件外，还有巨量百应、巨量千川、抖音飞鸽客服等工具。对于主播来讲，熟悉这些工具的使用是非常必要的。

1. 巨量百应

巨量百应，也叫Buy in，是基于短视频、直播内容分享商品场景，汇聚并连接各作者、商家、机构服务商的综合商品分享管理平台，如图8-100所示。

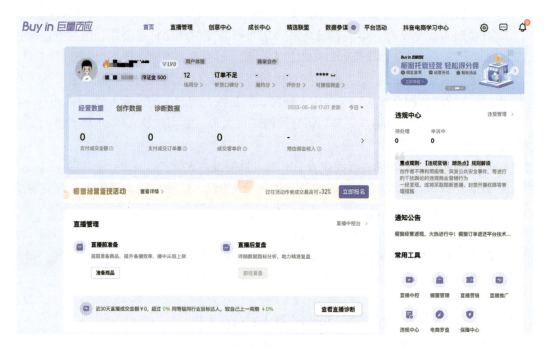

图8-100 巨量百应

（1）巨量百应账号类型及入驻要求。

① 账号类型。巨量百应账号类型包括机构服务商（管理达人的各个MCN机构）、小店联盟商家（有小店精选联盟权限的商家）、合作商家（没有入驻抖音小店，但被邀请合作的外部商家）、电商平台（与抖音对接的各个电商平台）、抖音/头条/西瓜/抖音火山版的达人（需要开通商品分享权限）五种。

② 入驻要求。首先，注册一个抖音账号，并进行实名认证。其次，开通橱窗带货权限，具体要求如下：一是实名认证，二是充值缴纳商品分享保证金500元，三是个人主页公开视频数大于等于10条，四是粉丝量大于1000人。最后，开通收款账户，如聚合账户、合众账户、微信账户、支付宝账户等。

（2）巨量百应基础功能。巨量百应是抖音电商直播核心工具平台之一，主播的开播预告、选品、商品上下架、评论管理、直播间数据分析等操作都在此平台进行。尤其是中控和场控岗位，要对巨量百应的各项功能烂熟于心，把控好直播过程中所有操作细节，避免出现操作失误引发的直播事故。

巨量百应基础功能包括账号基础信息、账号经营数据、代办提醒、直播管理、任务中心、官方活动、收藏作者、平台公益、选品广场、常用工具、带货榜单、电商学习等模块（表8-6）。

表8-6 巨量百应基础功能及说明

序号	模块	功能说明
1	账号基础信息	包含作者等级、信用分、保证金余额、带货口碑分、粉丝数据，数据会每天更新
2	账号经营数据	创作数据：直播可观看人数、直播间互动人数、视频浏览次数、视频互动人次数。经营数据：支付成交金额、支付成交订单量、成交价、预估佣金收入。支持今天/昨天/近30天筛选，具体指标含义可以点击页面小问号查看详细解释
3	待办提醒	展示保证金、违规和异常包裹等信息提示
4	直播管理	直播中会展示直播信息，未开播状态下会展示直播前和直播后功能模块
5	任务中心	展示官方下发的任务及完成进度
6	官方活动	由官方组织的各类活动，数据会每天更新
7	收藏作者	展示榜样作者的关键动态
8	平台公告	平台重要事项、重要活动通知，数据会每天更新
9	选品广场	为达人提供丰富的联盟商品，达人可以在选品广场挑选合适的商品带货
10	常用工具	达人经营过程中可能会用到的小工具，如直播管理工具（橱窗管理、直播推广、直播营销）、快捷服务（电商罗盘、保障中心）等
11	带货榜单	分别从商业转化、成长速度、直播热度、粉丝价值、结算率、带货口碑六大维度对达人进行评估，数据每天更新
12	电商学习	为达人提供丰富的学习课程，如百应使用教程、直播如何选品、如何策划提炼直播卖点等

2. 巨量千川

巨量千川是抖音电商一体化的智能营销平台，是抖音电商投放广告的工具，推出了小店随心推（移动端）、巨量千川（PC端）两个版本。

巨量千川入口：登录巨量百应平台，在"直播管理"中选择"巨量千川"—"直播推广"，即可跳转到巨量千川平台。

（1）小店随心推（移动端）。小店随心推是巨量千川的移动端产品版本，为推广者在抖音App上推广抖音小店商品提供轻量化广告服务，适合新手期小额度投放使用，如图8-101所示。

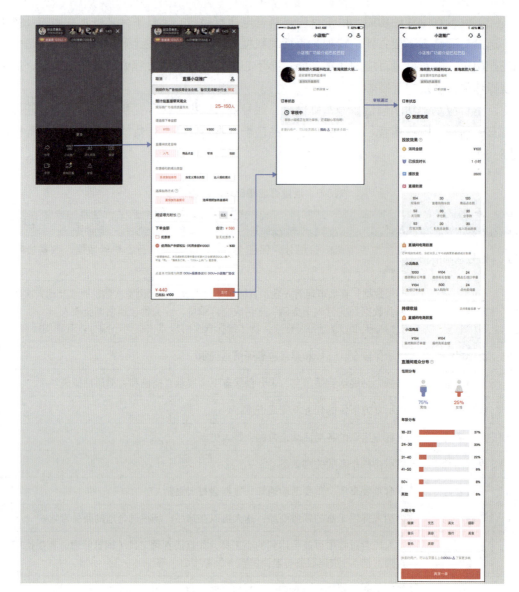

图8-101 小店随心推操作流程

① 投放目标。优化电商类指标,更符合电商用户的投放诉求;优化加粉、互动等浅层目标,增加电商属性深层转化目标。

短视频目标:商品购买、内容种草、提升粉丝。

直播目标:直播间人气、直播间商品点击、直播间带货、直播间涨粉、直播间评论。

② 小店随心推给直播间引流。使用小店随心推给直播间引流,一般可投放浅层数据和深层数据两个方向。浅层数据即直播间人气数据,深层数据即直播间成交数据。根据直播间数据分析情况,进行小额高频投放,以优化直播间的各项数据,用付费流量撬动自然流量。另外,前期可规划直播间用户画像,使用达人相似投放功能投放对标达人,快速找到目标受众,建议新号在前期使用此功能。

（2）巨量千川（PC端）。

①巨量千川（PC端）有专业版（自定义）和极速版（托管）两种模式。极速版（托管）的特点是低门槛、智能高效，适合创作者和腰尾部商家使用。专业版（自定义）的特点是专业、操作感强，适合头腰部商家，对成本和起量速度有强诉求，适用于长期投放计划的场景。巨量千川专业推广操作如图8-102所示。

图8-102 巨量千川专业推广操作

② 巨量千川（PC端）充值费用：根据所在城市级别，起充金额为5000～6200元，续充1000元起。

③ 直播推广数据维度：基础效果、成交转化和互动效果。其中，基础效果包括消耗、展示次数、点击率、平均千次展现费用、点击次数、转化数、转化成本和转化率；成交转化主要包括支付和下单的订单数、订单金额以及长效收益；互动效果主要包括新增粉丝数、直播间观看人次以及互动的次数。

④ 直播推广投放玩法：视频投放配合直播间的投放玩法，提升整体流量。若主播账号粉丝很多，可以提前准备预告视频，告诉观众开播时间，配合巨量千川投放，确保开播信息触达更多人群，从而为直播间引流。若主播粉丝数量较少，可以在直播前1～2小时使用巨量千川推广互动量较高的短视频。当短视频曝光时，会有主播头像闪动直播标志，看到的用户可以点击头像进入直播间。

3. 抖音飞鸽客服

抖音飞鸽客服工作台（达人版）是电商达人带货必备的客服工具，可以在PC端处理粉丝的私信、粉丝群消息，及时解决粉丝问题，引导粉丝下单购买。

抖音飞鸽客服工作台由消息、群聊、历史会话和管理四个模块组成。消息模块主要用来查看和处理用户私信咨询，群聊模块主要用来查看和处理粉丝群信息，历史会话模块主要用来多维度查询历史会话信息，管理模块主要用来进行团队管理和客服个人设置。抖音飞鸽客服工作台界面如图8-103所示。

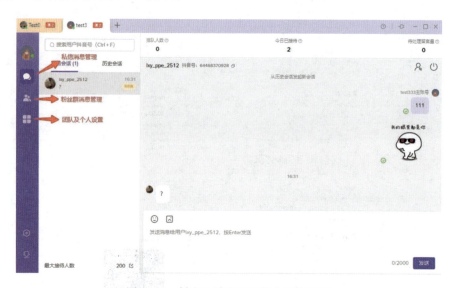

图8-103　抖音飞鸽客服工作台工作界面

（1）抖音飞鸽客服工作台（达人版）优点。

① PC端回复，解决移动端或者模拟器答复的性能和卡顿问题，性能更稳定。

② 更专业的分流设置，可根据客服的接待情况自动分配粉丝量，支持实时监控接待数据、排队情况等，减少粉丝等待时间。

③ 支持达人在处理私信的同时，一键获取用户订单信息，快速查看橱窗、店铺商品。

④一键登录，可同时管理10个达人，管理更高效。

（2）登录方法。

① 通过官网下载客户端，登录身份选择"我是达人"后，主账号可使用日常登录巨量百应的手机账号、抖音账号扫码登录，已设置达人客服权限的子账号可使用手机账号登录。抖音飞鸽客服工作台登录界面如图8-104所示。

图8-104　抖音飞鸽客服工作台登录界面

② 多达人账号登录。如果一个登录账号对应多个达人账号，可以选择本次需要登录的达人账号（最多可选择10个）。登录账号后，可以点击账号上方的"+"，选择新增账号（图8-105），点击当前账号顶部的"退出登录"，或使用快捷键实现账号快捷切换〔向左切换：Ctrl+1/command+1（苹果键盘），向右切换：Crtl+2/command+2（苹果键盘）〕。

图8-105　多达人账号登录

本章总结

要想做好直播带货，就要先开通直播带货权限，也就是所谓的"小黄车"。开通直播带货权限后，用户在抖音平台可获得短视频购物车、达人推荐橱窗、直播间挂商品权限。

精选联盟是抖音撮合商品和达人的 CPS 双边平台，一边连接达人，一边连接商家。达人包括字节系各个 App（包括抖音、头条、西瓜、抖音火山版、皮皮虾等）的作者。商家设置商品佣金，达人在线选择商品，通过视频和直播等方式推广；产生订单后，平台按期与商家和达人结算。

绿幕大屏是基于绿幕背景的直播间新型装修工具，商家/达人可以通过上传提前制作好的商品图片素材或使用官方提供的商品模板，在直播间背景中实时展示商品信息，包括品牌名称、商品名称、商品主图、直播间活动价格、商品卖点、折扣力度等关键信息。

主播可以在发布短视频时加入直播预告贴纸，以此预告下场直播活动的时间，将开播信息提前推送给更多有潜在看播兴趣但可能错过直播时间的观众，提升看播量和流量转化率。

自播诊断可以帮助主播进行每场直播的复盘。诊断包含自播诊断、达人代播诊断、服务诊断三个模块。其中，自播诊断包含整体诊断、流量规模诊断、流量效率诊断，通过对商家整体自播情况进行数据诊断、归因，帮助商家不断优化自播策略。

巨量千川是抖音电商一体化的智能营销平台，是抖音电商投放广告的工具，包括平台推出小店随心推（移动端）、巨量千川（PC 端）两个版本。

抖音飞鸽客服工作台（达人版）是电商达人带货必备的客服工具，可以在 PC 端处理粉丝的私信、粉丝群消息，及时解决粉丝问题，引导粉丝下单购买。

8.3 上机练习

8.3.1 上机练习一　开播体验

1. 训练的技能点
（1）对开播流程的基础认知。
（2）对直播工具的基础使用能力。

2. 需求说明
准备笔记本电脑、直播手机、手机支架等设备，使用已开通橱窗的可直播抖音账号，打开直播界面，设置标题、滤镜等内容，同时打开巨量百应直播中控台、电商罗盘大屏数据、巨量千川，开始直播，体验开播过程中各工具的使用。

8.3.2 上机练习二 使用巨量百应

1. 训练的技能点

（1）对巨量百应平台的基础认知。
（2）对巨量百应平台的基础操作能力。

2. 需求说明

开通商品橱窗，登录巨量百应平台，按照带货直播间要求添加商品，体验直播过程中巨量百应的讲解操作、评论操作等，针对操作疑问做文字记录，形成对比文档。

8.4 巩固练习

8.4.1 填空题

1. 带货达人等级是达人_____、_____、_____、_____四个维度的综合评估结果。
2. 精选联盟是抖音撮合_____和_____的CPS双边平台，一边连接_____，一边连接_____。
3. 绿幕大屏是基于绿幕背景的直播间新型装修工具，商家/达人可以通过上传提前制作好的商品图片素材或使用官方提供的商品模板，在直播间背景中实时展示商品信息，包括品牌名称、商品名称、_____、_____、_____、折扣力度等关键信息。
4. 自播诊断可以帮助主播进行每场直播的复盘。诊断包含_____、_____、_____三个模块。
5. 巨量千川是抖音电商一体化的智能营销平台，是抖音电商投放广告的工具。该平台推出_____和_____两个版本。

8.4.2 选择题

1. 以下选项不是开通带货权限所需条件的是（　　）。
   A. 实名认证
   B. 充值缴纳商品分享保证金500元
   C. 个人主页公开视频数大于或等于10条
   D. 粉丝量大于10000人
2. 下列使用直播绿幕大屏的好处，错误的是（　　）。
   A. 成本更低：使用平台官方推出的绿幕大屏功能，无须采购专业硬件设备，几乎零成本，新手主播也可以快速上手
   B. 苹果笔记本也可以用

C. 自定义灵活操作：既可以通过系统直接抓取商品详情页图片和关键元素，自动填充背景模板，也可以自行上传其他设计素材，一键生成背景模板，操作便捷

D. 多种使用场景无缝切换：抖音直播伴侣不仅提供了多种商品模板，包括新品发布、日销款、福利款、促销款等常用商品模板，还可以根据直播间讲解商品的节奏，随时切换和转场

3. 以下达人申请免费样品的条件错误的是（　　）。
   A. 商家需设置商品可申样
   B. 达人当前无此商品进行中（待审核至待交付状态为进行中）的申样订单
   C. 达人没有粉丝数量限制
   D. 达人无此商品30天内被拒绝的订单

4. 在直播中可以上下架商品的平台是（　　）。
   A. 巨量百应　　　　　　　　B. 巨量千川
   C. 抖音飞鸽客服　　　　　　D. 小店随心推

5. 以下数据属于直播间深层数据的是（　　）。
   A. 曝光量　　B. 评论数　　C. 点赞数　　D. 成交金额

参考文献

[1] 王一，林宁，王卓慧.自媒体运营（中、高级）[M].北京：高等教育出版社，2021.
[2] 单凯.抖音电商2.0运营全攻略[M].北京：人民邮电出版社，2022.
[3] 赵厚池.抖音电商从入门到精通[M].北京：清华大学出版社，2022.
[4] 何润参，倪林峰.抖音电商运营攻略[M].北京：清华大学出版社，2020.
[5] 陈进.直播销售员[M].北京：清华大学出版社，2022.